国家出版基金项目
NATIONAL PUBLICATION FOUNDATION

2015年度国家社会科学基金重大项目——中国西南少数民族传统村落的保护与利用研究

中国西南少数民族村落的保护与发展
保护研究系列

孙华　主编

遗产的生成与传统的延续

——四川直波村调查与研究

王思渝
著

巴蜀书社

图书在版编目（CIP）数据

遗产的生成与传统的延续：四川直波村调查与研究 / 王思渝著. — 成都：巴蜀书社，2021.12

（中国西南少数民族村落的保护与发展丛书）

ISBN 978-7-5531-1635-8

Ⅰ.①遗… Ⅱ.①王… Ⅲ.①少数民族风俗习惯—研究—阿坝藏族羌族自治州 Ⅳ.①K892.471.2

中国版本图书馆CIP数据核字（2021）第279012号

遗产的生成与传统的延续：四川直波村调查与研究

YICHAN DE SHENGCHENG YU CHUANTONG DE YANXU SICHUAN ZHIBOCUN DIAOCHA YU YANJIU

孙　华　主编　　王思渝　著

出品人　林　建
总编辑　侯安国
责任编辑　陈　礼
出　版　巴蜀书社
成都市槐树街2号　邮编：610031
总编室电话：（028）86259397
网　址　www.bsbook.com
发　行　巴蜀书社
发行科电话：（028）86259422　86259423
经　销　新华书店
印　刷　成都东江印务有限公司
版　次　2021年12月第1版
印　次　2021年12月第1次印刷
成品尺寸　210mm × 285mm
印　张　10.75
字　数　240千字
书　号　ISBN 978-7-5531-1635-8
定　价　230.00元

ISBN 978-7-5531-1635-8

直波村全景俯瞰

碉楼石缝中的“搽搽”

琼鸟图案

牦牛肉

藏式火锅

出家人在经堂内念经

农家乐

经修整之后的“塔子”

家庭煨桑的烟囱

老年协会聚会时候的大锅菜

祭祀山神的“塔子”

老寺院旁的大黑金刚石 (1)

老寺院旁的大黑金刚石 (2)

老寺院前煨桑的塔子

罗梧楞寺（旧址）内所保存的壁画 (1)

罗梧楞寺（旧址）内所保存的壁画 (2)

罗梧楞寺（旧址）内所保存的壁画 (3)

念经时的聚餐

农户养的牛

松岗土司官寨遗址及碉楼

松茸

看花节时村民着藏服跳锅庄（1）

看花节时村民着藏服跳锅庄（2）

松岗天街内按照现代旅游需求重新改造的藏式民居 (1)

松岗天街内按照现代旅游需求重新改造的藏式民居 (2)

直波村北碉附近的集中墓地以及竖立的旗杆

直波村的农田和民居

直波村南碉楼现状

直波村北碉楼现状

直波村度假湾

直波村附近的高山牧场 (1)

直波村附近的高山牧场 (2)

直波村部分民居门口张贴的汉式春联

直波村罗梧楞寺（旧址）现状

直波村罗梧楞寺（新址）现状

野菌

配饰

柴垛（1）

炒青稞

柴垛（2）

外墙上刻划的符号

直波村民们所修的“搽搽”

直波村民居现状及与碉楼的相对位置（1）

直波村民居现状及与碉楼的相对位置（2）

家猪

打猪草

晒粮食

村内的街巷

新装修的藏式客厅

酸菜团子

直波村现有的两个主要入口（1）

直波村现有的两个主要入口（2）

目 录

保护民族村寨，促进社会发展（代前言）

孙 华

（北京大学文化遗产保护研究中心）

中国的西南地区包括了四川盆地、云贵高原和青藏高原三大地理单元。这里是世界的屋脊，是中国长江、黄河和珠江三大河流发源的地方，是贯穿中国的半月形文化传播带经过的地方。西南地区的腹地，也就是青藏高原东麓地区（包括藏东南、川西高原和滇西高原），被称作中国西南山地热点地区。该地区东为海拔很低的四川盆地，西邻高耸的青藏高原，从海拔几百米的河谷到六七千米的山脉交替出现。复杂的地理环境和气候条件造就了这里独特的生物多样性、民族多样性和文化多样性。这里是中国民族最集中的地区，又是中国交通最困难的区域，许多民族还保留着东部发达地区早已经遗失了的行为方式、生活习惯、聚落形态、宗教礼仪和生产工艺，蕴含着极其丰富的民族文化信息，是进行民族学、人类学和民族考古研究最理想的区域。该地区少数民族聚居的村寨则成为所有这些历史和文化信息集中的一个个资料库，有待于我们去开启和利用。在现代化和城市化飞速发展的中国，许多西南边远地区的闭塞状况已经明显改善，村寨的文化景观也已经发生或正在发生悄然的变化。这些，更需要我们文化遗产保护研究的从业人员去迎接挑战，在当地人们生活水准提高的同时，努力保护好这份宝贵的遗产资源。

西南地区山高林密，交通困难，古代的统一事业相对进行得较为缓慢。直到今天，西南地区还生活着中国族类最多的少数民族，散布着星罗棋布的不同民族的村寨。这些村寨所在地区相对封闭，经济也发展缓慢，文化的演进还基本上沿袭着其千百年来形成的自然节奏，不像中国东部和中部地区那样，乡村文化景观已经发生了很大的变化。由于西南少数民族所在的自然环境差异很大，社会发展水平参差不齐，文化习俗异彩纷呈，其乡村文化景观也有着显著的不同。这种不同，最集中地体现在其民族居住的村寨内。丰富多彩的少数民族村寨蕴涵着居住在其中的人们的大量社会、历史、文化和艺术要素，对我们认识中国多元一体的民族结构，研究这些少数民族的社会历史，丰富和发展人类的文化艺术，促进当地社会的可持续和谐发展，有着重要的价值。这些价值具体体现在以下三个方面。

首先，西南少数民族村寨是中国大多数少数民族丰富多彩的传统文化的集中保存地，是世界多元文化的重要组成部分。西南地区是中国南北向的文化传播带和东西向的文化传播带经过的地方，云南高原地区更是这两条文化传播带交叉的地方。前一条南北向的路线被称为“半月形文化传播带”或“藏羌（彝）走廊”，是中国北方及西北地区的古代族群南下的主要通道。考古学的证据表明，从新石器时代的仰韶文化时期起，北方的居民就沿着这条通道不断南下。后一条东西向的路线，也是古代族群迁徙的重要通道，这些族群沿着从云贵高原发源或流经的多条大河（如长江的支流沅水和乌江，珠江的上游南、北盘江，元江／红河的上游礼社江），或从云贵高原东下至长江中游、珠江口甚至红河下游地区；或从中下游地区逆流而上，进入到贵州高原甚至云南东南部地区。正是这两大文化传播带和族群迁徙通道的存在，造就了西南地区，尤其是云贵高原地区民族和文化的多样性和复杂性。中国现有56个民族，西南地区就集中了汉、壮、回、苗、土家、彝、藏、布依、侗、瑶、白、哈尼、傣、傈僳、仡佬、拉祜、水、佤、纳西、羌、仫佬、景颇、毛南、布朗、阿昌、普米、怒、京、基诺、德昂、门巴、独龙、珞巴等民族，占我国已识别民族总数的三分之二；此外，中国绝大多数未识别民族，也都分布在西南地区。这些民族基本上是以农业为主要经济形态的定居民族，由于各村落的历史形成不同、文化渊源各异，因而形成了种类众多、风格多样、习俗也千差万别的村落乡村文化景观。无论是文化的多样性还是村落形态的多样性，在西南地区都得到最充分最集中的体现。

其次，西南少数民族村寨是人类发展历史的实物证据。严格意义上的历史时期，是指有文字记录的时期，这个时期在中心地区开始于商代晚期的殷墟时期，但西南地区则比较晚，且各区域进入历史时期的年代不尽相同。在云贵高原的古夜郎道沿线，历史时期开始于西汉中期；在西藏地区，历史时期始于吐蕃时代；而在其他地区，有文字记载的历史开始更晚。而这种狭义历史时期的西南地区历史，文献的记载都是西南地区古代族群的人们与中心地区的人们发生了重要接触行为时的记录，如汉武帝通西南夷、蜀汉诸葛亮平南中、唐与吐蕃调整关系、南诏侵益州及交州、忽必烈灭大理、明太祖时的平云贵、明万历时的平播州、清雍正时的改土归流、清乾隆时的大小金川之役，等等。除了这些重大历史事件以外，文献记载中关于西南少数民族地区的记载并不多。我们要认识这个地区的历史，其史料来源除了文献记载外，早期的主要是考古材料，晚期的则主要是蕴含在村落中的民族志资料。回顾历史可以知道，一个古族自从其共同的生活区域基本稳定以后，如果没有积累的内部冲突或外界干扰，其聚居的村落有的会一直延续下来（当然随着人口的繁衍等原因也不断会有新的村落建立）。云南云龙县白族的诺邓村，由于这里很早就发现有盐卤涌出，白族先民很早就在这里定居，唐代樊绰《云南志》

中就已经有了“诺邓”之名，该村的形成肯定在唐代甚至更早的时代，是一个千年村名不改、聚落不迁的具有深厚文化积淀的传统村落。现代西南每个民族的村落中都蕴含着丰富的历史信息，通过这些信息，我们可以知道许多考古材料和历史文献所没有的古族历史的细节，从而为研究西南民族史做出贡献。除此以外，西南少数民族村落还能提供中国东部地区发展历史的重要参考材料。由于社会发展的地域性不平衡，我国东部地区许多历史上曾经有过的东西都已经消失了。“礼失而求诸野”，在中国西南民族村落中，就保存了许多中国中心地区曾经有过但现在已经消失的文化现象。研究西南民族村落的现在，很可能有助于了解我们的古代。

最后，西南少数民族村寨是西南地区社会发展的重要资源。西南地区各个不同的地域，是世世代代生息在这些地方人们的心灵家园。这里集中保存着他们祖辈的业绩，有他们世代相承的生存智慧、生活方式和文化传统。由于现代社会发展十分迅猛，特别是在现代化、全球化和城乡一体化的浪潮中，原先生活在相对封闭、节奏缓慢、发展滞后的西南少数民族村寨的人们，在使人眼花缭乱的外来信息的冲击下，自然会产生种种不适应，不仅对外界也对自身产生种种困惑，从而就会希望在自己的家园获得一些慰藉。如果说外来文化的冲击，使得西南少数民族村寨的传统发生某种程度的中断，当地村民持续而稳定的生活变得不那么具有连续性，是催生西南少数民族地区人们乡愁的纵向因素的话，那么，当今西南地区许多少数民族村寨的年轻一代离开世居的村寨到城市务工，置身于一个完全不同于传统乡村的现代城市中，这种空间距离和文化差距就是生成这些外出村民乡愁的横向因素。这样，作为家园的传统村寨就成为包括少数民族在内的现代人们用以寻求自我的心灵平衡、重新找到精神归属感的自我防御机制的重要“文化空间”。除此以外，中国西南地区山峦起伏，森林广布，自然景观随地区和地形而变化，既有云遮雾罩、山重水复的高原山地，又有天高气爽、环山嵌湖的高原平坝，还有白云蓝天、绿草如茵的高海拔草原，多样的自然环境加上多样的文化传统，造就了丰富多彩的建筑类型和建筑风格，形成了文化景观迥然不同的村落风格。优美的环境，奇特的建筑，再加上位于外地人很少去的偏远地区，西南少数民族村寨受到了国内外公众的普遍喜爱。早在20世纪前半期，俄国人顾彼得（Peter Goullart）就这样深情地写道：“我很早就梦想找到并生活在一个被大山与世隔绝的美丽的地方，也就是若干年后詹姆斯·希尔顿在他的小说《失去的地平线》中描写的‘香格里拉’。小说的主人公意外发现了他的‘香格里拉’。而我在丽江，凭我执着的追求寻觅，找到了我的‘香格里拉’。”前些年，《中国国家地理》曾发起过评选中国最美村落的活动，高居榜首的不是江浙水乡村落，不是皖南徽州村落，而是四川丹巴县甲居嘉绒藏寨，就说明了这个问题。西南少数民族村寨因而也就成了一种重要的旅游资源，成为促进当地经济、文化和社会发展的一个重要因素。

不过，也正是由于现代化、城市化、全球化的冲击，西南少数民族村寨才与中国其他地方的传统村落一样，几乎所有村寨都有了电灯照明、电话通信和电视信号接收。一条条公路、一根根电线和一道道电波正在将乡村与城镇连接起来，与世界其他地方联系起来，乡村也不可避免地要被卷入全球化的浪潮。即使在最偏僻的一些村寨，外来的观念、外来的文化和外来的设施都已经进入这些村民的头脑中、行为中和日常生活中。这种跨越自然区隔的道路建设和信息管道的建立，使得原先相对被“隔离”的乡村变得不那么封闭了，乡村的生态环境发生了变化。这种变化也必然导致乡村的许多方面向城镇靠拢，从而使乡村文化景观发生变异。这种变化的表象之一，就是许多民族村寨的人们受到城市和工厂的吸引，年轻人大多外出务工，村内剩下的大都是老人、孩子或中年以上妇女，失去了最有活力的青年群体，原先兴旺的村寨已经衰落和破败，村落面临着严重的空心化、老龄化、城郊化等问题。并且随着乡村经济走向多元化，西南地区许多村寨的家庭都有了兼业（副业），由于各家兼业种类和规模的不同，各个家庭的收入也有较大的差异，整个乡村社区的结构已趋向复杂。根据文化人类学或考古学的理论，越是复杂的事物，越容易发生变异。西南少数民族村寨的乡村文化景观，加快其原先基本稳定的发展演变节奏，已成为一个不可避免的现象。

在现当代全国统一的土地制度、行政制度和管理模式下，在当下城市化、城乡一体化和现代化的冲击下，西南地区少数民族村寨面临的问题与中国所有传统村落基本相同，主要体现在这样四个方面：一是普遍失去了传统的自下而上的自组织能力，自上而下的全国统一的他组织行为代替了具有个性化的自组织行为，传统文化多样性生成的土壤已经不复存在；二是伴随着现代化和城市化进程的迅速推进，村民大量涌向城镇，原先的基层政权对乡村的管控能力降低，导致村寨内部凝聚力下降甚至丧失；三是传统乡村与城镇的生产关系发生逆转，新的城乡关系导致多数西南少数民族村寨日益破败，城乡间的贫富差距进一步增大；四是开始于安徽小岗村，进而在全国实施的农村土地的“两权分离”和“长久不变”，使得包括西南少数民族村寨在内的土地权属固化，无论是改善村民的居住用房和人居环境，还是试图致力于村寨的规模化产业的发展，都变得非常困难。除了这些问题，我们在相当长一段时期内，强化了城镇与乡村的差别。农村户口的人们一旦因读书、招工、参军等因素获得了城市户口后，就失去了再回到农村的可能性。他们退休后不能在故乡买房建房，为乡村建设发挥作用，只能在城市买房安度晚年，将积累的财富和资源留在城市。这与过去乡绅阶层不少是从城市退休返乡、将在城市赚取的财富和资源带回乡村的情况截然相反。而在不断推进城市化的今天，乡村的人们不再被一亩三分地束缚，他们大量在城市务工，不少人将挣得的工资储存起来在城镇买房，人才资源和资金资源不断从乡村被带到城市，而城市的人才资源和资金资源却很少进入农村。这些因素，导致城市与农村的差距加大，农村不免日益贫困化和边缘化。

中国西南少数民族村寨既然有重要的文化价值和社会价值，现在它们的存在状态和发展趋势又面临着许多问题，这就需要我们尽快选取保护对象，寻找保护对策并采取相应的行动，使这些承载着丰富文化信息的传统村寨能够更长久地保存和延续。

中国西南地区幅员辽阔，基本保持着传统风貌的村寨数量很多，有些位于高山陡坡、交通不便、存在地质灾害、不利于村民生产生活的村寨，当然只能采取拆村搬迁、合村并寨等方式进行处理；那些靠近城镇、已经或即将纳入城镇建设区的村寨，那些位于交通要道沿线、传统风貌正在迅速变异的村寨，已经无法也没有必要再采取保护行动。西南少数民族地区村寨数量众多，许多村寨都具有相近的自然环境和村寨建筑，如何在每个少数民族的众多村寨中选取具有典型性和代表性的村寨，这是保护好西南民族村寨的首要问题。中国是一个文明古国，又是资源相对缺乏的人口大国，遗产保护与民众生计的矛盾比许多国家都尖锐。即使是那些已经成为历史陈迹的古代遗址，保护起来仍然存在着保护性用地与乡村耕地和宅基地之间的矛盾冲突，更何况乡村文化景观这样的动态遗产。因此，在制定西南少数民族村寨的保护规划之前，先要对这些地区的村寨进行全面调查，基本掌握现有村寨的相关信息，才能进行一个民族或一个自然地理单元的各村寨的价值比较，才能从中选择出不同价值层面的村寨，并将其列入不同的保护层级，才能确定保护的范围、资源的取舍和发展的方向。

生活在中国西南山地的各民族，由于其村寨散布在交通不便的山区，被文化遗产学界了解情况的村寨只占其中一部分（这些村寨主要沿公路分布并距离城镇不是很远），还有许多村寨有待于重新调查和认识。到目前为止，我们已有的少数民族调查报告，注重的是人而非物，其公布的信息还不足以使遗产保护和管理者认知其价值。以苗族为例，早在20世纪50年代前，就已经涌现出了被誉为“苗学研究的三座里程碑”的三部苗族调查报告；20世纪50年代后，国家组织社会学家、民族学家和历史学家也开展了大量苗族社会历史调查工作，其调查成果除了“中国少数民族社会历史调查资料丛刊”中的苗族部分外，西南诸省区还分别编写了不少苗族的调查报告，贵州省民族研究所组织编写的“六山六水民族综合调查”就是其中之一。这些原始调查报告当然很珍贵，却存在一些缺憾。缺憾之一就是这些调查要么是区域民族调查，其调查范围主要是以州、县、乡为单位，很少能够具体到自然村寨这样基层的聚落单位；要么是某些专家进行的以某民族某一文化要素为对象的专题调查，缺少一个典型村寨全部结构要素的综合资料。因此，以自然村落为考察单位，首先进行各地区各民族的村寨调查，从中选取典型的村寨编写出版系列的“中国西南少数民族村落内容总录”，是开展该地区传统村落保护的前期工作。在此基础上，就可以通过村寨价值的比较评估，首先筛选出可以推荐列入省市级保护的相关村寨，然后再选出可以推荐列入全国重点文物保护单位和国家级历史文化名村的村寨，最后将价值最高、特征最典型的村寨推荐列入《中国世界文化遗产预备名单》及《世界遗产名录》，从而真正做到分级实施保护。

正是考虑到中国西南地区少数民族村寨的重要价值和面临的问题，北京大学文化遗产保护研究中心和贵州省文物局达成共识：少数民族村寨是中国西南地区文化遗产最重要的组成部分，这些村寨正面临着迅速改变和消失的威胁，亟须采取有计划的保护行动。由于西南地区自然条件复杂，民族成分多样，聚落形态千差万别，在开始保护行动之前，首先需要对西南地区不同民族、不同区域、不同社群的村寨进行系统的调查，在充分了解这些村寨基本情况和存在问题，以及深入思考这些村寨特点的基础上，通过对比分析这些村寨的文化面貌和价值分级，选取亟须采取保护行动的村寨群落和村寨个体，然后编制与乡村发展相结合的保护规划，采取恰当且适度的保护性干预行动。为此，我们在2007年开始了中国西南地区少数民族村寨调查的号召和动员，并于2008年起首先从贵州黔东南苗族侗族自治州的苗族村寨和侗族村寨开始，展开了少数民族村寨基本情况的调查。

从2008年到2014年，我们调查的范围从贵州黔东南州延伸到了邻近的湖南通道县和绥宁县、广西三江侗族自治县，其间还对云南大理白族自治州剑川县的白族村落、四川甘孜藏族自治州丹巴县的嘉绒藏族村落进行了调查。参加调查的人员主要是以院系、研究所或研究中心名义组织的海峡两岸高校和科研单位人员，包括北京大学、同济大学、中央民族大学、四川大学、广西师范大学、台南艺术大学、贵州省文物保护研究中心、成都市博物院等，还有多所高校的本科生和研究生个人自愿报名参加了调查。这些调查都是利用每年的暑期进行，七年间参加调查的人员数量，即使不计当地文物部门派遣的干部和当地参加调查的大学生，其数量也达到了309人次（其中有的师生多次参加，人员名单附后）。在此行动中，既有白发苍苍的老教师，如台湾清华大学的徐统、台南艺术大学的陈国宁教授，也有刚刚在大学修完“文化遗产概论课”参加实习的大学低年级学生，但主力则是来自历史学、考古学、社会学、民族学、建筑学、城乡规划学、博物馆学的大学毕业生和研究生。这些师生冒着酷暑，在西南偏僻的山村进行田野调查，先后调查了苗族、侗族、藏族、白族的村寨超过五十个，另对与少数民族村寨相关的贵州锦屏县隆里古镇、四川宝兴县曹家村进行了调研，撰写了这些村寨的调查简报。有了对这些村寨地理环境与资源、传说与历史、基本构成单元、内部与外部结构、人群与社会组织、生业与经济结构、生活方式与风俗、宗教信仰与禁忌、相关文化事项和村寨保存状况的基本了解，再着手选择需要列入保护的村寨，并开始对一些村寨开展保护所需的更详细的综合调查和专题调查，在现状勘察报告完备、存在问题厘清的基础上，开始编制保护与发展规划，并开展保护行动。

选取要采取保护行动的保护对象，无论是从岛屿生态地理学的理论来说，还是从尽可能多地保存我国传统村落的角度来说，都应当尽可能多地对有明显地理边界的成片传统村落和村落群进行整体保护。不过，传统村落不是简单的不可移动文物，我们不应当一味追求列入保护单位的传统村落数量。我们需要关注已被列为国家级或省（市）自治区级文物保护单位的传统村落的情况。这些村落通常都是以“某某村古建筑”的名义被列入保护单位的，保护的对象是这些村落中年代较早、规模较大的建筑群，不是整个村落，更不包括这些村庄赖以存在的农田、山林和川泽，也不包括这些村寨中的社会组织、生产工艺、民俗节庆、宗教礼仪等非物质文化事项，即其文物保护只是村落中个别物质文化要素的保护。这就容易出现传统村落中的公共建筑和个别民居保护较好、而整个村落及其载体却疏于保护的现象。我们还应当吸取中国历史城市保护的经验教训，这些教训是多方面的，其中的一个教训就是国家级的历史文化名城数量过多，先后公布的三批国家级历史文化名城总数达99座，这些历史文化名城大多基础研究还比较薄弱，针对历史文化城市不同类型所制定的保护策略又有欠缺，保护范围（整体城市文化景观保护、城市轮廓及街区文化景观保护、部分街区文化景观保护、重点城市建筑遗产保护）也不够明确，结果现在的历史文化名城除了被列入世界遗产的城市以外，绝大多数是名存实亡了。西南少数民族村寨规模一般不大，即使在贵州黔东南州有号称“苗都”的最大的西江千户苗寨，居民户数也不过1258户，人口不过5326人，其空间范围的大小和结构的复杂程度都无法与城镇相比，其保护难度比城镇要小些，保护模式应当以整体保护为主。不过，越是强调整体保护，在选取保护单位时就越应当注意代表性，否则有的地方会以为类似的村寨很多，改变几处无关紧要。一旦被列入高等级保护单位的民族村寨被人为破坏，而没有采取问责制追究有关责任人，就会使有关保护的法律规章失去其应有的权威，破坏行为就会蔓延，就如同大多数中国历史文化名城的遭遇一样。

我们早就认识到，一个完整的传统村落不仅是村落的建筑，还应当包括村落赖以存在的田地、水泽和山林，包括活动在这个区域内的人们及其传统行为模式。按照文化遗产的分类体系，传统村落应当归属于文化遗产的特殊类型——文化景观。文化景观是联合国教科文组织倡言的文化遗产的特殊类型，它是一定空间范围内被认为有独特价值并值得有意加以维持以延续其固有价值的、包括人们自身在内的人类行为及其创造物的综合体，其生活方式、产业模式、工艺传统、艺术传统和宗教传统没有中断并继续保持和发展的城镇、乡村、工矿、牧场、寺庙等，都应当属于文化景观的范畴。农业文化景观由于产业模式不同，又有传统村落文化景观和农场文化景观的分别，前者由于地理的区隔、传统的差异，文化面貌也异彩纷呈，是农业文化景观的主体，也是世界多元文化最重要的构成要素。中国西南的少数民族村寨，其地理环境多样，文化传统各异，许多地处偏僻山区的少数民族村寨迄今仍然保持了自己鲜明的传统和特色，是中国乃至世界的文化景观类型遗产的重要组成部分。不过，“文化遗产”不同于“文物”，前者包括了物质和非物质的遗留，后者则只针对物质的遗存。文物保护专家很容易将诸如少数民族村寨这样的遗产划分为两部分：村寨的聚落、民居和公共建筑被视为不可移动文物；而村寨内人们的日常用具、服装饰件则被归为可移动的民俗文物。至于传统村落赖以存在的田地、山林和丰富多彩的非物质文化事项，却没有被纳入文物保护的范畴。浏览目前已经公布的七批全国重点文物保护单位的名单，不难发现，几乎所有传统村落都是以“某某村古建筑”“某某民居（某某大院）”等名目出现的，文物保护面对的不是传统村落的整体，而是村落中的部分古建筑或代表性建筑。由于以文物保护单位这样的模式保护传统村落，尽管有国家《文物保护法》的法规作保障，仍然很难做到保护村落的完整性、真实性和延续性；但如果将文物保护单位的范围推广至整个村落，甚至村落外的田地和山林，那么如何制定文物保护和管理的规定，如何处理村民因人口增长而新建的住房，以及如何对待村民改造自己原有住宅以提高自己生活品质？凡此等等，都是目前从事传统村落保护，尤其是西南少数民族村寨保护需要思考的问题。

我们这套“中国西南少数民族村落的保护与发展丛书”，正是上面这些思考和工作的产物。全书由“内容总录”“勘察报告”“保护研究”三个系列组成，涵盖了西南部分少数民族村寨基本情况调查、专题研究与综合研究以及保护与发展规划和实施报告三个方面。

“中国西南少数民族村落内容总录”系列，以村寨为基本单位，全面介绍该村寨基本情况。本系列已经编写了12册，分苗族村寨、侗族村寨、藏羌村寨、白族村寨四卷。其中已经调查的重要侗族村寨分布于贵州、湖南、广西三省区，故又细分为《贵州侗族村寨调查简报》《湖南侗族村寨调查简报》《广西侗族村寨调查简报》若干分册。每一分册由2—5篇调查简报组成，我们希望关注传统村落保护与发展的学者和机构，能够通过这些调查简报，对这些村寨的历史文化和当下状况有一个最基本的了解。由于我们的田野工作以贵州黔东南州为中心，因而贵州的苗族和侗族村寨调查报告的数量也最多，占了这个系列的半数，这也是苗族和侗族村寨以黔东南地区数量最多、保存最好、文化事项最丰富现状的反映。

“中国西南少数民族村落勘察报告”系列，由多本典型少数民族村寨勘察报告、专项研究著述组成。由于内容相对简单的村寨调查简报还不能满足从事传统乡村研究、保护和发展的相关机构和个人的需求，需要对选取作为保护与发展对象的村寨做详细的勘察记录，找出该村寨存在的普遍性和特殊性问题，以便采取有针对性的保护与发展措施。计划撰写的勘察与研究报告有《贵州榕江县大利侗寨调研报告》《贵州榕江县大利侗寨勘测报告》《贵州锦屏县文斗苗寨调研报告》《贵州黎平县堂安侗寨整治报告》《四川丹巴县中路藏寨调研报告》《云南云龙县诺邓村调研报告》等。除此而外，我们还将在西南少数民族村寨保护与发展的实践中，选取一些典型案例，将其记录汇集成册，以提供其他从事传统村落保护的同志参考和评判。

“中国西南少数民族村落保护研究”系列，是西南少数民族村寨保护的综合研究。它包括了村寨的历史、特点、价值和问题的基础研究，包括了针对中国传统村落、西南民族村寨、某一区域和族群村寨、某个自然村落存在问题及应对措施的研究，还包括了某些正在采取保护行动的传统村落的保护规划、展示规划、发展规划、方案设计等。如《中国传统乡村文化景观研究》《侗族村寨文化景观研究》《苗族村寨文化景观研究》《坪坦河流域侗族村寨保护与发展初论——从生态博物馆的角度》《川西高原藏羌碉楼研究》《云南云龙县诺邓村专题研究》《贵州控拜村苗族银匠村研究》《贵州榕江县大利侗寨文物保护规划》《贵州榕江县大利侗寨保护与发展规划》等综合和专题研究专著，以及《西南少数民族村寨研究文集》这样的论文汇集。

最后，我要代表我们全体作者，向支持西南少数民族村寨调查、研究和保护工作的单位和个人表示衷心的感谢。首先应当感谢的是联合国教科文组织北京代表处，该处的遗产项目专员杜晓帆博士最早提请我们关注西南地区少数民族村寨的保护与发展，希望中国这样一个大国能够利用自己的优势给东南亚少数民族村寨的保护探索符合亚洲特点的路径，我们正是在晓帆博士的鼓动下分别从不同的领域投入到西南地区少数民族村寨保护之中。其次是海峡对岸世界宗教博物馆的陈国宁馆长，她不顾自己年事已高，在自己原先任教的台南艺术大学的支持下，多年来承担起了组织台湾高校师生到祖国的西南地区参加少数民族村寨调查的重任，除了将她在台湾从事社区博物馆和社区再造的经验带给我们，还增强了海峡两岸师生的交流和了解。其三是要感谢中央民族大学民族及社会学院、同济大学建筑与城市规划学院、四川大学历史文化学院、台南艺术大学文博学院、云林科技大学文化资产维护系等高校相关院系所的负责人，他们协助我们动员学生参与西南地区少数民族村寨调查，是我们调查组人力资源和学术资源的可靠保障。其四要感谢四川、云南、湖南、广西诸省区文物局，他们在经费、人员、后勤保障上给予了我们许多支持和帮助，如果没有他们，我们许多工作没法顺利推进。最后，我们要特别感谢贵州、四川、云南、湖南、广西诸省区我们曾经开展调研工作的县（自治县）文化文物系统的工作人员和乡村的基层干部，他们或与我们调查组的师生一起进驻村寨，充当我们的进村“向导”并为我们排忧解难，或充当我们在村中的“翻译”，帮我们联系村民，协助我们做社区动员和召开村民大会。正是在以上单位和个人的无私帮助和支持下，我们的村寨调查、村寨规划和村寨保护实践才能够顺利向前推进。

就在“中国西南少数民族村落的保护与发展丛书”首批图书即将出版之际，我们高兴地得知，国家已将“中国西南少数民族传统村落的保护与利用研究”列为国家社科基金重大招标项目，我们北京大学与中山大学分别中标承担起该课题的研究任务。回顾过去，我们西南少数民族村寨保护与发展的项目，最初只是北京大学支持的一个小课题，所获课题经费也只有五万元校长基金作为启动资金。多年的调查工作使我们从各方面筹集资金，非常节约地使用，使得我们历时八年、参加人员达三百余人次的田野工作能够顺利完成。国家出版基金设立后，基金委将“中国西南少数民族村落的保护与发展”作为首批国家图书基金资助项目，使我们这些年积累的调查和研究成果，能够有资金资助顺利出版。

希望本丛书能够给我们认识这些村寨提供基础资料，同时也希望这套简报能给予城市规划、乡村规划和区域规划者一个参考的依据，在城市发展、新农村建设的时候，能重新思考中国文化的核心价值，吸取农村发展的经验，厘清中国不同于其他文明的特色，构拟出一个适合现代国人生活和居住的蓝图。

附：参加西南少数民族村寨田野调查和报告编写人员名单

2008年度（20人）

孙华、张成渝（北京大学考古文博学院教员）。

王书林、吕宁、王敏、王璞、黄莉、马启亮、高玉、黄玉洁、童歆、于小莉、刘杨、石慧（北京大学考古文博学院、城市与环境学院）；刘睿、刘翠虹、刘业沣（中山大学人类学系）；郭琼娥、李蜜、杜辉（厦门大学历史系）。

2009年度（40人）

陈国宁（台南艺术大学文博学院教员）；孙华；李慧（四川大学历史文化学院教员）。

余昕、李伟华、丁虞、韩爽、张娥凛、戴伟、李林东、王哲妍（北京大学社会学系、考古文博学院、元培学院）；杨向飞、龙成鹏、张悦、张志磊、徐菲、王皓、罗洪、赵丹、王妹娜、邱艳、谢莉亚、周海建、杨丽玉、李灵志、黄秋韵、董晓君、宋秋、刘争（四川大学历史文化学院）；沈天羽、王韵嘉、雷继成、高忠玮、黄胜裕、陈韦伶、高玉馨、朱仲苓、张雯茵（台南艺术大学文博学院）；刘亦方（郑州大学历史与考古学院）；黄尚斐（中国传媒大学摄影系）。

2010年度（44人）

陈国宁；孙华、张成渝；江美英（南华大学艺术学院教员）；朱萍、马赛（中央民族大学教员、民族学与社会学学院教员）；白露、李林东（成都博物院文物考古研究所干部）。

王怡萍、范子岚、陈筱、张娥凛、何源远、赵昊、荆藤、邹鹏、余昕、郭明、李颖（北京大学考古文博学院、社会学系）；张林、陶映雯、向阳、贾凯丽、郑宜文、杨力勇、司马玉、张一辉、来源、吴仙仙（中央民族大学民族学与社会学学院）；冯佳福、吴昭洁、张康容、黄雅雯、苏淑雯、王柏伟、王净薇、谢如惠、黄淑萍、谢玉菁、钟子文、邓佳铃（台南艺术大学文博学院）；杨丽玉、张绍兴（四川大学历史文化学院）；韩婧（中山大学社会学与人类学学院）。

2011年度（61人）

徐统（台湾清华大学材料科学工程系退休教员）；陈国宁；孙华；王莞玲（兰阳技术学院建筑系教员）；江美英；朱萍；李智胜、郭秉红（贵州省文物局抽调专业干部）。

陈筱、陈元棪、梁敏枝、黄莉、焦姣、韩爽、杨玲、庄惠芷、张林、邓振华、何月馨、孙雪静、李梦静、周仪、丁雨、张瑞、柳闻雨、张琳、刘精卫、李皓月、王晴锋（北京大学考古文博学院、社会学系）；贾凯丽、郭领、刘学旋、郎朗天、雷磊、于梦思、王东、王博、王金、董韦（中央民族大学民族学与社会学学院）；袁琦（北京理工大学工业设计系）；闫金强（天津大学建筑学院）；杨丽玉（四川大学）；熊芝莲（云南师范大学日语系）；沈天羽、蔡译莹、赵庭婉、陈昱安、许又心、萧淑如，张康容（台南艺术大学文博学院、视觉艺术学院、艺术史学系）；段品淇、叶怡麟、郭维智、龚琳雅（云林科技大学文化资产维护系）；唐君娴（台北艺术大学建筑与古迹保存研究所）；谢以萱（台湾大学人类学系）；许明霖（台湾“中央”大学艺术学研究所）；林孟苏、陈仲甫（兰阳技术学院建筑系）；黄雅雯（高雄市立历史博物馆）；林义焜（台湾清华大学）。

2012年度（51人）

陈国宁；孙华；周俭（同济大学建筑与城市规划学院教员）；江美英；赵春晓（兰州建筑科技大学教员）；寇怀云（同济大学城市规划研究院职员）；赵瞳（清华大学建筑设计研究院职员）。

陈筱、陈元棪、王晴峰、张林、袁怡雅、刘昇宇、韩博雅、王小溪、朱伟、孙雪静、张锐、娃斯玛、刘婷、李楠、李可言、王斯宇、杨凡、刘天歌、尚劲宇、张予南、李寻球（北京大学考古文博学院、社会学系）；曾真、董真、庞慧冉、刘小漫、卞晶喆、白雪莹、单瑞琪、张琳、俞文彬（同济大学建筑与城市规划学院）；石泽明、陈海波（中央民族大学民族学与社会学学院）；刘若阳（北京中医药大学毕业生）；陈沛妤、蔡泽莹、曾正宏、张康容（台南艺术大学）；段品淇、叶怡麟、龚琳雅（云林科技大学文化资产维护系）；杨贵雯（台湾）；林欣鸿（台湾清华大学）；林孟苏（台湾高雄大学）。

2013年度（42人）

孙华；朱萍；王红军、杨峰杨（同济大学建筑与城市规划学院教员）；赵春晓（兰州理工大学建筑学系教员）。

陈筱、李光涵、尚劲宇、王一臻、尚劲宇、吴煜楠、王宇、冯玥、王云飞、陈时羽、张夏、张高扬、张林、王思怡、温筑婷、张锐、刘畅、李唯、张予南、徐团辉（北京大学考古文博学院）；巨凯夫、门畅、尹彦、魏天意、娄天、陶思远、王正丰、陈艺丹、朱佳莉、罗蓝辉、陆盈丹、李缘圆、韩瑞、郑晓义、冯艳玲（同济大学建筑与城市规划学院）；曹玉钧（北京林业大学园林学院毕业生）；于炳清（南京解放军理工大学）。

2014年度（39人）

杨树喆、海力波、冯智明（广西师范大学文学院教员）；赵晓梅（北京建筑大学建筑学院教员）；孙华；郭秉红（贵州安顺市文物局退休干部）。

陈容娟、李哲、党延伟、谢雪琴、蔡检林、徐田宝、梁膑、彭翀、杨斯康、谢耀龙、李婉婉、周洁、辛海蛟、甘金凤、赵家丽（广西师范大学文学院）；李光涵、张巳丁、冯妍、尚劲宇、孙静、加娜古丽（北京大学考古文博学院、社会学系）；解博知、张逸芳、吕妍（北京建筑大学建筑学院）；于炳清，陈罗齐（南京解放军理工大学）；张力，杨中运，郑耀华（兰州理工大学建筑学系）；黄雨博（四川大学历史文化学院考古系）；Suvi Ratio（苏葳，芬兰赫尔辛基大学人类学系）；陈会、陈燕（贵州省文物保护研究中心）。

2015年度（12人）

石鼎（复旦大学文物与博物馆学系教员）。

李光涵（北京大学考古文博学院）；孙静（北京大学社会学系）；王霁霄（清华大学规划学院）；殷婷云（清华大学建筑学院）；石本钰、冉坚强、张芬（贵州民族大学民族学系）；刘威（山西大学考古学系）；杜菲（京都大学景观学系）；Joel Wing-lun（黄智雄，哈佛大学历史系）；张力（志愿者）。

——以上共计309人，没有注明教员身份的均为研究生和本科生。其中博士生陈筱、李光涵曾两次以辅导员身份带队，特此说明。

第一章

“传统村落”的兴起：现实与研究基础

1998年，位于贵州省六盘水市的梭嘎苗族生态博物馆正式建成开馆，这是一项中国与挪威两国元首共同签署的官方文化项目。同年，安徽黟县的宏村交由北京中坤集团来负责其旅游经营；与其相邻的西递则是早在1992年便由村办企业“西递旅游服务公司”来经营其旅游项目（王咏等，1999）。2000年，这两座村落以“皖南古村落”的名义共同入选了《世界遗产名录》。在这份名录中，人们熟悉的聚落型遗产还包括云南的丽江，早在1997年它便已经名列其中。在被列入世界遗产之后，丽江逐渐成为人们热衷的旅游目的地之一。

类似于这样的记述还有很多，但或许，即便我们耗费更多的篇幅也远不足以覆盖我国在近30年来一系列或多或少带上了广义的遗产的名义去重新发现村落所做的努力。这种努力的背后，与我国经济结构调整、政府对于“三农”问题的不断重视有关，与整个时代所展现出来的怀旧和乡土审美的发展有关，与来自村落本土不断爆发的自发性诉求以及市场资本的不自觉导向有关，当然，也与不断发展和成长的村落遗产、遗产研究有关。

本书的写作也正是基于上述背景。

所谓“村落遗产”“遗产研究”，放在今天的学科体系之下仍然免不了有诸多争议。甚至仅一个最基本的概念——遗产的界定，都是一个极具挑战的难题。相较而言，一个公认度更高的观点是，所谓的遗产研究的发展，与国际社会至少从20世纪以来[①]各方力量共同参与的一场遗产保护运动密切相关，其中尤以官方的各式保护性名录和后继措施为代表。我们如何理解这一场运动，在这场运动当中能够形成怎样的理念原则或现实挑战？这一系列问题的提出催生了不同的学术群体对这个共同话题的关注，一个研究领域也就这样逐渐孕育诞生了。在这样的一场运动、一个研究领域当中，所涉及的遗产类型是多元的。从代表了地质、生物演进的自然遗产，到囊括了建筑、遗址以及可移动文物的物质文化遗产，再到与表演、技艺、仪式相关的非

---

① 关于国际遗产保护运动的起始时间，不同学者持不同的观点，部分学者将其追溯到18世纪的法国大革命后，乃至更早。

物质文化遗产，乃至晚近提出的文化景观，今天的遗产类型已变得愈发“无所不包”。

在这当中，村落遗产的兴起同样是一段相对晚近的故事，其发展至今似乎仍然很难单独被视作一类独立的遗产类型；但是，不可否认的，它的保护与发展已愈发成为今天的研究者们所不断关注的热点与难点。在“是什么”的问题上，它涉及遗产理念从单体到整体、从静态到所谓“活态”的延伸；在“为什么”的问题上，它面临着为谁保护遗产、保护的正当性等层面的自我拷问；在“怎么做”的问题上，它除了要面对各类单体遗产的保护方法上的“加总”，也面临着村落的整体政治、经济、社会发展上的挑战。

具体来说，村落遗产保护在我国的发展可以进一步被划分为不同的阶段，而在这当中，有一个重要的节点又是不容忽略的。2012年，国家住房和城乡建设部（后文简称住建部）、文化部和财政部正式推出了“传统村落”政策，以官方遗产名录的形式覆盖了全国数千座村落。这样的“大手笔”意味着我国的村落遗产保护实践迎来了更为崭新的一页，在此之下取得了巨大的成就，但是，这也意味着有了一系列更新的挑战亟待学术界重视。例如，究竟何为“传统”？在这样的传统观和遗产观的带领下，它所预示的将是怎样的一场遗产化进程？我们应当如何评价这样的一场“传统村落”保护政策与行动？所谓“遗产”“传统”会如何参与到一个村落社会中各个层面的互动？等等。

要想完成对这一系列问题的完整回答，绝非本书所能做到的。但是，我认为，这样的回答需要从更多的个案开始看起。所谓“个案”，其具体的操作和意义在不同的学科传统之下又多有差别。社会学家费孝通先生晚年常以“解剖麻雀”一词来形容个案研究的价值。本书立足在遗产研究的框架下，但遗产研究本身也仍然还是一个在研究范式、基本方法等问题上都颇为开放的学科，因此，本书也不急于给所做的个案划定一个明确的方法论边界。借助费先生的“解剖麻雀”一词，或许更能表达我的初衷。

我选择位于四川省阿坝藏族羌族自治州的直波村为对象展开个案研究。本书主要基于我2019年3月至7月、2020年10月期间间断性的田野工作来展开。在这段时间里，我通过对部分地方档案的梳理、与村民们的直接访谈以及更为重要的参与式观察的手段，试图去理解这样一座村落生活的方方面面。以此为基础，形成本书。

当然，除了尽可能忠诚地记录下我在直波村的所见所闻之外，本书的另一个目的也还是希望对更广泛的遗产研究当中的诸多问题做出呼应。因此，作为整个研究的开始，在第一章的部分，我需要先对学术界与传统村落直接相关的既往研究成果做出交代。

1.1 “遗产热”与传统村落政策

“传统村落”的兴起在现实层面存在着一个基本的背景，即20世纪后半叶以来国内国外整体上不断形成的“遗产热”。

在当下社会中，“Heritage”及对其进行翻译的中文词汇“遗产”已经愈发令人感到熟悉。这不仅仅是一种语汇上的变化，同时也暗示着现实层面确实被称为“遗产”的事、物、地点与实践已经越来越多。Rodney Harrison（2013）曾经试图用一系列翔实的数据向我们证明，“遗产爆炸”（heritage boom）或“遗产热”早在20世纪后半叶以来便已经在欧美主要国家发生。

当“遗产”与“文化”组合到一起之后，放在我国的语境下，尤其是在政府和学术层面，“文化遗产”长期被认为是“文物”一词的替代术语。这其中的一个显得不太严谨但同时也似乎是最为明显的证据便是，作为我国中央层面的文博事业的最高管理部门“国家文物局”，它的官方英文翻译为“National Cultural Heritage Administration”（直译为：国家文化遗产局）。在一些研究中认为，2005年国务院印发的《关于加强文化遗产保护的通知》，是首次在高级别的官方政策中直接使用“文化遗产”这一称呼，政策内容所指代的也大多是传统所谓的“文物部门”的工作，由此也标志着我国文化遗产事业进入了一个全新的阶段（牛大勇等，2019）。

实际上，“文化遗产”和“文物”的对等关系只能说是一种易于理解的粗略划分而已。作为一个英译的词汇，我们将不难发现，其原词“Cultural Heritage”与中文的“文物”所指代的对象有重合，但也不完全对等。姑且以“Cultural Heritage”在国际宪章、公约等文件中的使用为例，最具代表性的1972年的《保护世界文化与自然遗产公约》（*Convention Concerning the Protection of the World Cultural and Natural Heritage*）中关于“文化遗产”的定义，就囊括了建筑物、建筑群、遗址等传统“文物”概念中所不常包含的内容。而如果以这部公约为核心，往前追溯和往后延伸，正如我们在开篇便已经提到的，在今天国际国内常提的“遗产研究”的框架下，能够被纳入“遗产”这个语汇下加以讨论的对象还包括“自然遗产”“非物质文化遗产”“城市遗产”“活态遗产”“文化景观”等。

本书的目的不在于对上述概念做出更细致的区分。我的目的在于说明，今天在学术和现实层面，“遗产热”确实已经来临，我们进入了一个在遗产类型和数量上都迅速增长的时代，否则也不会催生这么多令人眼花缭乱的概念和词汇。

此外，“遗产热”还有另外一层含义，那就是，其受到的来自官方层面的重视不断加强，官方为之投入的资金和人力都在与日俱增。可简单以国家统计局官网上提供的近20年间的三组数据为例。其一是博物馆机构数，其二是文物从业人员数，其三是文物保护管理机构的支出。三组数据除了在少数年份有些许波动以外，整体上都呈现出明显上升的趋势。由此，也可窥见在此层面我国的“遗产热”的情况。

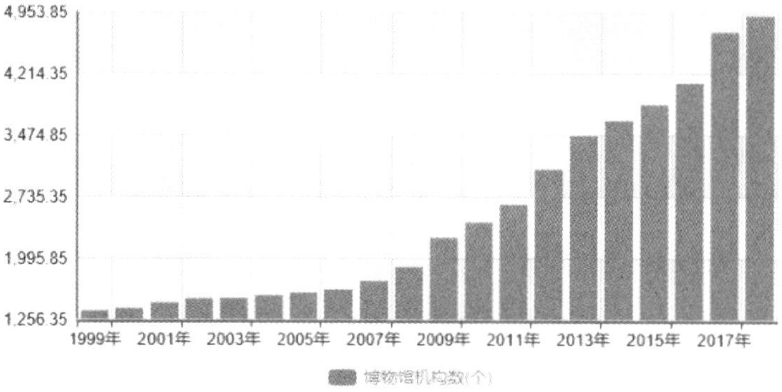

图1-1：1999-2017年间中国博物馆机构数增长情况（数据来源：国家统计局官网）

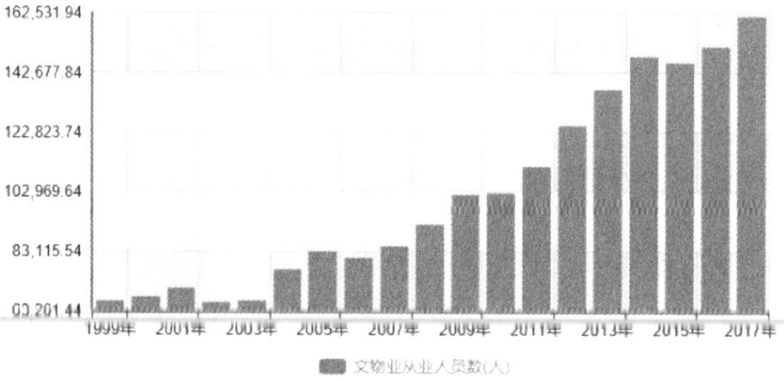

图1-2：1999-2017年间中国文物业从业人数增长情况（数据来源：国家统计局官网）

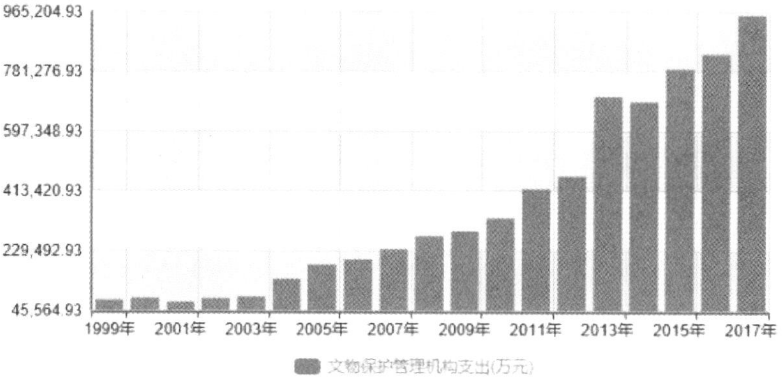

图1-3：1999-2017年间中国文物保护管理机构支出增长情况（数据来源：国家统计局官网）

那么，在此背景下，回到本书所重点关注的“传统村落”。通常认为，其作为一项官方认定的政策被正式提出始于2012年由住建部、文化部、国家文物局、财政部共同发起的“中国传统村落”的调查和评选工作。并且，四部局于同年颁布了《传统村落评价认定指标体系（试行）》，并于当年年底公布了第一批646个传统村落的名录，推出了《关于加强传统村落保护发展工作的指导意见》。在这部指导意见中，开篇明义地点明了官方所认定的传统村落的概念：“传统村落是指拥有物质形态和非物质形态文化遗产，具有较高的历史、文化、科学、艺术、社会、经济价值的村落。”并强调了传统村落调查、建立名录、编制实施规划等具体工作的重要性。

实际上，更早于此，我国在遗产领域内的村落保护工作已有诸多实践。政策上，对“传统村落”问题影响更深、起步较早、“亲缘关系”较为亲近的当属历史文化名村制度。这项制度的正式推出一般认为始于2003年由建设部、国家文物局所推出的《中国历史文化名镇（名村）评选办法》，并从当年开始依此标准选择公布了第一批22个历史文化名镇（名村）（董艳芳等，2006）。而较之更早的，还有历史文化名城制度。张松（2011）曾经回顾过我国历史文化名城制度的建立过程。他提到，早在1981年，在城市历史环境保护观念的影响下，当时的国家建委、文物局和城建总局便已经向国务院提交了《关于保护我国历史文化名城的请示》（下文简称《请示》），1982年国务院便批转通过了第一批24座国家历史文化名城。1982年的《文物保护法》作为我国首部文物保护领域的法律，也将历史文化名城写进了法条中。《文物保护法》中也给出了历史文化名城定义：“保存文物特别丰富，具有重大历史价值和革命意义的城市。”

作为上述一系列从城，到镇，再到村的整体性保护政策的起始，重新翻阅1981年《请示》的内容，实际上能很好地体现这一系列政策的现实和理论诉求。《请示》中提及这批历史文化名城的时候，首先将其价值建立在这些城市曾经是“政治”“经济”“文化”中心或见证了革命历史之上，其次表明了之所以要建立这套制度是源于经济发展中的大规模城市破坏，同时又受到威尼斯、巴黎以及日本等国际经验的启发，因此要求在城市未来建设中充分重视城市历史，有碍于文物保护的行为应予以处理和防治，并对历史文化名城编订规划（国家文物事业管理局，1987）。受此影响，1983年，当时的建设部推出了《关于加强历史文化名城规划工作的几点意见》（下文简称《意见》）。在许多遗产研究者今天的理解中，以历史文化名城为代表的这一系列制度主要践行的是国际遗产保护理念中的整体性观点；而1983年的《意见》确实可以作为我国官方推出的政策性文件中较早集中体现这种整体性观念的代表。《意见》提到，历史文化名城这一基本概念应当在城市规划中体现出来，而城市规划中所涉及的便不再仅是单体的遗迹的保护，而是与整个“城市形态、布局、土地利用、环境规划设计”均密切相关，并且强调城市的“历史优秀传统”，追求“点、线、面”结合，已经开始使用“古城风貌”和“空间环境”的概念（国家文物事业管理局，1987）。

在这样的政策背景下，在1982年、1986年、1994年分别集中公布了三批历史文化名城，2000年以后至今每年又有少许的增补。2005年建设部又发布了《历史文化名城保护规划规范》。在这本规范中，提出了三条基本原则——“保护历史真实载体”“保护历史环境”“合理利用、永续利用”，基本对应了下文即将提到的遗产研究不断发展之后所衍生出来的“真实性”与“完整性”、保护与发展的议题。

在此之后，历史文化名城在制度层面逐步走上一条规范化的道路。而随着上文提及的2003年历史文化名镇（名村）制度的加入，这二者之间的联系愈发密切。最为明显的便是2008年的《历史文化名城名镇名村保护条例》，将城、镇、村整体作为一部“条例”来加以管理。如此一来，该条例的颁布意味着城、镇、村的保护问题首先在法律层级上有了明显的提升。其次，该条例进一步详细规范了历史文化名城、镇、村所必须具备的条件，包括“保存文物特别丰富”“历史建筑集中成片”“保留着传统格局和历史风貌”以及“历史上曾经作为政治、经济、文化、交通中心或者军事要地，或者发生过重要历史事件，或者其传统产业、历史上建设的重大工程对本地区的发展产生过重要影响，或者能够集中反映本地区建筑的文化特色、民族特色”。此外，从申报、批准到后续的保护管理，该条例都做出了详细的规定。

至此，一套相对完整的从城市到村落的遗产保护体系在我国可谓已然形成。

在此基础上，2012年开始的“传统村落”又再次试图进一步补充和发展这套体系。

从上文已经提到的政策的推进机构来说，“传统村落”和“历史文化名城/名镇/名村”便有极高的重合度。住建部和文化部一直是主推部门，只不过从2014年第三批传统村落名录开始，国家文物局开始单列，国土资源部、农业部和旅游局加入其中。而从内容来说，有不少学者曾在2012年前后就“传统村落”的内涵做出过解释，在下文关于学者们既往研究的回顾中，我们将更为详细地看到这些解释。从中我们能够发现，“传统村落”出台的现实背景和主要概念阐释都与“历史文化名城/名镇/名村”有类似之处，同时又有所发展。从政策文本的角度，2012年的《传统村落评价认定指标体系》有着最为集中的体现。整个体系分为“建筑”“选址和格局”以及“承载的非物质文化遗产”三个方面，每个方面再细分“定量”和“定性”两层的评估打分标准。这三个方面的体系，一者充分体现了“传统村落”政策从建筑单体向更为广域的环境整体、从物质向非物质不断延伸的企图；二者尤其是在非物质方面的重视，成为诸多学者认为其与“历史文化名城/名镇/名村”有所不同的重要之处。

沿此指标体系，我国在2012年、2013年、2014年、2016年和2019年，已经评选出了五批传统村落名录，分别有646、915、994、1598、2666个村落列入其中。本书的研究对象直波村在2016年入选了第四批传统村落名录，村内有两座八角碉楼从2001年开始便被列为全国重点文物保护单位。

除了不断增添新的村落以外，国家层面还推出了一系列的导则和意见，试图进一步规范被列入名录之后的村落保护工作。2014年住建部、文化部、国家文物局和财政部推出了《关于切实加强中国传统村落保护的指导意见》。该《意见》的主要意义在于，在2012年的指导意见的基础上，它进一步明确了“规划先行”和“保护优先”的原则，从而试图应对全国各地千篇一律的村落开发热潮；同时重申了传统村落的“完整性”“真实性”和“延续性”，这与下文我将提到的“传统村落”所代表的遗产理念的扩张相呼应；同时，在具体举措上尤其要求各地编制和审批传统村落保护规划，涉及文物保护单位的编制文物保护规划，并且加大资金支持力度，支持范围从建筑、文物到非物质文化遗产再到整体的设施建设和环境修复都有所涉及。在这之后，地级市可正式依此文件向中央申请补助资金，从而起到调动地方积极性的作用。2014年也专门公布了327个《第一批列入中央财政支持范围的中国传统村落名单》。而在本次意见中所提到的规划编制的工作，更是与住建部、文物局等部门在同一时期的系列工作模式相匹配。早在2013年，住建部就推出了《传统村落保护发展规划编制基本要求》，对传统村落的调查、建档、价值分析、保护对象、保护区划、保护措施、保护项目等问题均提出了原则性的要求。

在上述资金和规划层面的保障之外，住建部、文化部和国家文物局还在2014年就保护项目的实施问题专门再出台了《关于做好中国传统村落保护项目实施工作的意见》。该《意见》较之上述政策显得更为具体，除了明确规划的落实、文保单位之外，对于保护修缮工程、环境整治项目、旅游和商业开发项目等建设性工作表达出了更为谨慎的态度和细节化的管控措施，同时试图推行建设规划许可制度、确定驻村专家和联络员、建立传统建筑工匠队伍等更具村落特色的手段来确保传统村落的保护。

尽管有了上述系列政策的引导，但是并不意味着传统村落在现实层面所面临的问题就全然迎刃而解了。尤其是在名录本身以数千座的数量逐次增加的情况下，村落保护有些问题也显现出来。在此背景下，2016年住建部等部委推出了《中国传统村落警示和退出暂行规定（试行）》。其面向的情况其实主要可以被归纳为两类：其一是在举措上，未按住建部等部门的前述政策开展行动；其二是从成果上，体现村落的遗产价值的要素已近破坏。

综上，我们完成了从政策层面对“传统村落”在我国发展的基本回顾。在这个过程中，有两个方面是还未在上文提到但是又不应忽略的。

其一，“传统村落”政策的发展不应仅被理解为一个建筑或遗产保护领域内的话题，它与我国这一时期以来对整个农村问题的重视都是密切相关的。2012年底，中共中央、国务院颁布的《关于加快发展现代农业进一步增强农村发展活力的若干意见》中便专门提到“制定专门规划，启动专项工程，加大力度保护有历史文化价值和民族、地缘元素的传统村落和民居”。而这段话在该《意见》中所出现的位置实则也颇值得考究。其出现在“改进农村公共服务机制，积极推进城乡公共资源均衡配置”中的“加强农村基础设施建设”子项上，充分体现了“传统村落”政策身上所带有的另一层面的意义，即整个国家对新时期的农村建设和发展的思路。

其二，上述所提的内容都是在国家层面的“传统村落”，而这个概念同时在各个省市地方也得到了不同程度的推广，建立起了自身行政范围内的“传统村落”名录。并且，即便不以国家层面认可的名义，“传统村落”在21世纪的第一个十年间也逐渐成为媒体、基层和大众都日渐熟悉的概念，与同时期的乡村旅游等热潮绑定在一起，呈现出明显的扩散趋势。

这两方面的趋势都是在遗产话语体系下去理解“传统村落”的重要参照。

1.2 关于“传统村落”的既往研究和意义

借助上述讨论，我已经简单阐明了展开本书的一个最为基本的时代背景，“传统村落”的基本含义和现实发展脉络。接下来，我需要从一个广义的遗产研究的角度出发，对“传统村落”的既往研究和意义加以说明，由此也说明本书的学术意义。

1.2.1 整体性和遗产理念的扩张

在国内目前关于“传统村落”的研究中，其重点之一集中在对“传统村落”所代表的整体性理念的讨论，及其在整个遗产理念扩张的背景下所具备的意义。

早在“传统村落”成为一项国家层面认定的遗产政策之前，其作为一个名词概念和学术问题，在建筑、规划等多个学科层面的学术意义便已有体现。陈志华先生应属国内对此问题较早予以关注的学者。他的思路更偏重于从建筑史谱系的角度理解传统村落的价值。在他的主张中也开始带有透过传统村落，理解中国社会历史独特性一面的意味（陈志华，2021）。而在他之后，也不断有学者反复强调此类问题的重要性。例如，王路（2000）便提出过村落在现代建筑和规划领域的个性意义。在这个过程中，“传统村落”所带有的弥合自然与文化的整体性色彩便已得到重视。在他看来，传统村落的意义不仅仅是形式美，还包括了在传统村落中所体现出来的人对自然与风景的协调等特性，因而在村落规划时应确保从不同角度留下其特性。张勃（2015）曾经总结过20世纪80年代以来学者们在乡土建筑、村落景观等问题上的研究，并将其视为传统村落价值的发现。

而尤其是当2012年“传统村落”成为一项遗产政策之后，现实层面的行动也更进一步激发了学术界从遗产理念的角度对“传统村落”进行概念阐发。

冯骥才在学术界较早对“传统村落”政策做出反应。他所看重的“传统村落”的整体性主要体现在弥合物质与非物质之间的间隙上，并将“传统村落”所喻示的遗产价值的时间从过去连接到现在。他指出，“传统村落却是与现有的两大类——物质与非物质文化遗产大不相同的另一类遗产”，物质与非物质在村落范围内相互依存和融合，共同构成整体。他进一步强调，村落的历史是延续至今依然活态的，与当代生活密切相关。值得注意的是，他所谓的“非物质”已经不是一个机械的“非物质文化遗产”的概念，还包含了各类精神性的“生命土壤”等内涵（冯骥才，2013）。王小明将这种整体性表达得更为全面。他回顾了国际国内遗产学界对于“历史小城镇”“乡土建筑”“古村落”等近似概念的保护历史，并进一步强调“传统村落”概念的提出是对有形文化实体、村落文化生态系统（主要强调与村落格局、自然景观之间的关系）、非物质文化遗产及“文化空间”以及民间文化多样性的整体性保护（王小明，2013）。在这之后，曹迎春、张玉坤（2013）回到“传统村落”的政策本身，对于政策本身在覆盖面上的整体性做出了评价。相比之下，胡燕等人在这个问题上的表述更为清晰。他们同样是从政策本身出发，将“传统村落”的概念特征分别对应到建筑风貌完整、选址和格局特色（包含人与自然的共生关系）以及非物质文化遗产的活态传承上，实则呼应的是上文已提及的传统村落评价指标的三个方面，并且尤其将其与历史文化名村做比较，强调其在聚落载体的完整存续以及非遗传承层面的突出特性，强调村落各关联性的构成要素所形成的“有机整体”（胡燕等，2014）。

这一系列的概念阐发构成了日后学术界对“传统村落”保护、发展的具体问题和方法加以讨论的基础，而整体性问题之所以在上述研究中得到如此普遍性的关注，与遗产研究框架中由来已久的自然与文化、物质与非物质的二元分类模式密切相关。

遗产研究中的二元分类框架可以本章开篇便有提及的世界遗产体系为例。再次回顾《世界遗产公约》，我们不难发现这部公约的全名是《保护世界文化和自然遗产公约》。从公约的名字、内容再到与之配套出台的《操作指南》[①]，文化和自然均被分而视之，享有不同的定义、评选标准和价值体系，分列不同的专业顾问机构。2003年联合国教科文组织再次通过了《保护非物质文化遗产公约》，进一步标志着整套体系框架的完善，但同时也进一步加重了物质与非物质之间的分而治之的思想。按照Laurajane Smith、Rodney Harrison等学者的看法，世界遗产体系所代表的不仅仅是自身而已，还同时包含了与之相关的一系列国际公约以及受之影响的国家或地区内部的遗产管理体系，共同形成的一整套遗产话语体系，而这整套话语体系都承袭了世界遗产体系中的二分框架（Smith, 2006; Harrison, 2013）。

在这样的背景下，也便不难理解上述研究为何会如此强调“传统村落”的概念和政策在弥合物质与非物质、自然与文化的问题上所做出的重要贡献。

当然，这也并不意味着这种整体性理念便是“传统村落”保护的一种首创。

不少学者已试图将“传统村落”与整个遗产理念发展史的关系做出阐述。大量学者已注

---

① 全称为Operational Guidelines for the Implementation of the World Heritage Convention。

意到，在遗产理念发展史上，影响“传统村落”理念发展的重要国际文件较早可追溯到1999年ICOMOS所通过的《乡土建筑遗产宪章》，该文件强调“场所”“景观”和“建筑群”在这类遗产中的重要性。张松（2017）认为，较之更早，1975年的《关于建筑遗产的欧洲宪章》已经开启了对建筑遗产的认识从单体扩展到建筑群体的整体氛围，强调了对周边环境的整体性保护。罗德胤（2014）对“传统村落”的理解则是比照1979年的《巴拉宪章》，他的理解主要在于《巴拉宪章》所提出的“文化重要性”概念对于建立起一套完整的遗产名录的意义之上。屠李等人的回顾显得更为全面。他们的研究回顾了遗产保护理念所走过的发展史，从现代修复理论开始到世界遗产体系，从1964年的《威尼斯宪章》、1976年的《内罗毕建议》、1999年的《乡土建筑遗产宪章》再到“历史城市景观”概念的提出，将“传统村落”理念放在这一脉络中来加以理解（屠李等，2016）。

因此，总体来说，正如上述学者所提及的，在遗产研究中，近年来已呈现出了一种向整体性方向发展的趋势。它在原有的二分框架下已经表达出了遗产研究从单体、可视、人造的“物”向更为广泛的自然与人文、物质与非物质整体延伸的趋势。“传统村落”概念可谓是在这样的趋势下应运而生的。

当然，在这样的趋势下应运而生的也不仅只是“传统村落”这一个概念，与之相类似的，“活态遗产”（living heritage）、“文化景观”（cultural landscape）等概念也近乎在同一阶段被推出，这两个概念也是对“传统村落”影响颇深的。

“活态遗产”的概念，参照赵晓梅的引述，其主要指向的是“保持原有功能的遗产”，借此来突出特定社区在遗产价值中的重要性。20世纪80年代以来受人类学影响，“世界遗产体系”开始吸收“活的文化”的概念（赵晓梅，2016）。在这一概念之下，遗产研究的重点逐步从物质性的本体转向到围绕其相关的精神或传统，非物质色彩愈发浓厚。而在“文化景观”这一概念上，当其被应用到遗产研究之后，不同的学者对其表述略有不同。例如，韩锋（2012）强调“景观是城市一切物质、非物质要素相互作用后的整体的、真实的、可观的、可感知的外化结果”。邓可、宋峰（2018）则认为“文化景观”强调了“作为文化群体的人类，在一段时间内适应和利用大自然的结果”，因而能“将一定地域内所包含的全部自然与非自然因素及其相互关系整体纳入研究”。本书不必在上述各论断之间做出评价，但是这些说法都体现了“文化景观”概念身上弥合二分框架的整体性特质。这一概念在1992年正式写入世界遗产的《操作指南》，虽然早在“文化景观”之前已有自然与文化相叠加的“混合遗产”这一类型，以及在“文化景观”进入“世界遗产体系”之后引发了进一步的分类矛盾，但是，“混合遗产”通常被认为仍然是建立在相对独立的自然和文化的评选标准的基础之上，“文化景观”概念则弥补了这一缺憾，显现出更具整体性的一面。

孙华（2016）曾明确提出，“从文化遗产的类型来说，历史城镇和传统村落都属于‘文化景观’”，原因在于传统村落恰好体现了文化景观所代表的物质与非物质之间的一种“混合”类型，并且它还属于“具有延续性的‘活态’的文化遗产”。杜晓帆等人（2018）对贵州传统村落（其原文中使用的是“乡村遗产”的概念）的工作也主要建立在其对乡村文化景观的理解上，强调从过去延续到未来的“人与自然的历时性互动”。

综上，上文的回顾展现了在遗产理念扩张下“传统村落”整体性的意义。

当然，也并不能就此认为“传统村落”概念的形成及其所代表的在整体性问题上做出的延伸是遗产研究作为一个独立成熟的领域所独到的贡献。本身，遗产研究依然还是一个具备开放性的研究领域，发展至今仍在不断受建筑学、城乡规划、社会学/人类学等学科的交叉渗透。因此，上述延伸中既能看到传统建筑学自身从单体向环境、精神等话题发展的趋势，也能看到社会学/人类学中所包含的人本主义乃至建构思想的影响。或许更准确的一种说法是，“传统村落”确实成了一个交叉口，以整体性思想为桥梁，汇合着这一系列人文社会科学在20世纪后半叶以来所共同形成的趋势和潮流。

1.2.2 保护与发展：回到村落，回到村民

除了上文已述的在理念层面的讨论之外，既往关于传统村落的研究中还存在的另一个方向的讨论便是将问题集中在传统村落的保护与发展这类现实应用型问题之上。毕竟，在上文讨论传统村落在政策层面的提出时便已有强调，该政策不应仅被理解为一种遗产理念的扩张，它的背后还交织着我国农村发展的现实需求。

在讨论此类应用型问题时，与上文所述的整体性理念相一致，应用层面也在强调一种注重建筑与建筑格局、历史环境，物质存续与非物质传承相结合的整体性保护的思路，这在2012年“传统村落”政策提出的初始便是如此，一直延续至今。在这个过程中，由于涉及的相关学科面较广泛，因此一些基于各个不同学科、但同时又具有整体性意识的特定手段被学界愈发广泛地重视。例如，倪威亮等（2014）学者对生态博物馆中国实践的讨论，本质上也是在讨论作为一种“接触空间”的新博物馆思想在遭遇中国特定的政治经济背景之后是如何践行其整体性理念和处理利益相关的主体间关系。郑国珍（2015）所介绍的福建实施的《中国历史文化名镇名村、传统村落保护和整治导则》也同样是想通过引导性准则这样的方式来处理上述问题。孙华（2015）曾经总结过文物保护、博物馆、建筑规划以及非物质遗产研究的学者在过往基于自身角度对传统村落开展过的工作，由此所提炼出的系统论、自组织、文化结构、岛屿生物地理学、生态博物馆等理论和方法既扎根于自身的学科背景，但同时又都是在倡导一种整体性的理念和思路。

而近乎与此同时的，随着实践工作的进一步推进，对于传统村落保护工作的反思性和总

结性讨论开始逐渐增多，尤其是保护与发展问题之间的矛盾已被广泛讨论。这些研究大多遵循制度分析或政治经济学的思路，关注利益分配、权利共享等现实问题。例如，张剑文（2016）曾经总结过传统村落保护工作中既有出现的各类公私合营模式，其中包括以安徽宏村为代表的特许经营式开发、广东歇门为代表的合资占股等。郐艳丽的研究则主要集中在制度政策层面。她将2012年以后的工作称为传统村落保护的双轨制时期，但她意识到，即便传统村落已经得到多方重视，但是仍然面临着迅速消亡的境况。她认为这要归因于现实中对待传统村落仍然在保护（“死的形式”）与发展（“假活的形式”）之间认识不清，居民仍未被纳入共同利益框架中，在监督、资金以及技术层面均有所缺乏（郐艳丽，2016）。张洪昌、舒伯阳（2019）则以贵州朗德等案例展现了正式制度与非正式制度彼此联系和制约在一个动态的过程中影响旅游发展模式的过程。

这类问题在传统村落政策提出之初的讨论中便已有涉及。例如，上文曾经提及的冯骥才的讨论便是基于此逻辑，保护与发展之间的矛盾关系、村民作为主体的问题，已经被提了出来（冯骥才，2013）。延此思路发展，回归村落、呼唤村民的主体权利便成为这类研究一贯的主张。例如，闵英、曹维琼（2016）强调在保护过程中要具备“文本”意识。而其所谓的“文本”，指代在村落语境中所留下来的各类传统文化话语，其中包括村落的历史记载、社会生活描述、审美信仰、地方知识等，既有口头或书面性质的语言表述性文本，又有以物为载体或者人的行为传承为载体的文本。马翀炜、覃丽赢（2017）直接明确呼吁，我们需要“理解村落”，尤其是明确“村民是村落的‘主人’”。陈华文（2018）曾经勾勒出一幅村落重建其功能、形成自发业态、重建伦理秩序、恢复知识体系、政府或专家等力量适应村落传统的理想图景，实际也是将保护的重点重新引回村落和村民中。

这个问题之所以重要，其背后饱含着在一种冲击性思想下对不同主体之间的权与益、对所谓“现代”与所谓“传统”之间关系的考量。例如，黄秀波、孙九霞（2017）以丽江白沙村为个案，展现了在同一个村落发展的问题上不同利益相关者的不同诉求，并最后从空间正义的角度，将弱势群体的诉求定为一种正义的模式，从而倡导重视原住民的空间权利。王宁（2017）用“地理嵌入性”来解释传统村落的物质形态不能脱离传统地方的自然环境与农耕模式，从而指出，现代传统村落保护的最大矛盾便是在地理脱嵌之后，村民所持的“进步主义”立场和外来知识分子所持的“浪漫主义”立场之间的矛盾。

在这种“冲击”下，旅游的问题通常被认为是最为显性也最为常见的一类情况。而当面对旅游这一问题之时，不同学者的研究有不同的倾向。例如刘军民、庄袁俊琦（2017）将旅游视作一种传统村落加速“脱域”的成因，文化被愈发符号化，日常生活被碎片化，专家系统更是带着一种他者的视角来重新定义村落价值，如此一来原住民成为一种被他者所“圈养”的状态。而相较之下，吴必虎、徐小波（2017）则认为，旅游活化能够统筹遗产本体和使用主体（即村民），整合文物价值和当代需求，从而能够进一步激发村民自身的主体力量。黄杰、李晓东等（2018）设计了一套融合了村民、政府、企业等多方主体的模式，也正是试图探寻传统村落活化与旅游开发之间是可以实现多层级互动的，并非一定是矛盾的。

在这个过程中，回到传统遗产研究的角度来说，隐藏其中的核心难点还在于对所谓真实性问题的纠结。遵照整体性理念和“传统村落”的评价标准，当自然景观、村落整体格局与环境等非物质均被纳入遗产要素之后，保护与发展在操作层面要恪守真实性的难度明显增大。此外，难度还体现在，当强调了村民的主体意识、非遗等问题的传承性时，“传统村落”的保护与发展便不能再狭义地将真实性理解为静态的“不变”，“活态遗产”“文化景观”等概念在理念上解释了这种真实性，但是在应用层面却一直未能给出更具操作性的方案。再当以旅游为代表的“现代文明”等问题引入之后，这一方面会让“传统村落”的真实性在伦理正当性上蒙上一层悖论，另一方面也会引发何为真实性的多方讨论。常见的讨论如，存在即真实，被“外在”干预之后的旅游目的地实际上也是一种此刻的真实。

1.2.3 小结

综上所述，从理论到实践，国内关于传统村落问题的认识已经有了丰厚的积累和长足的发展。在这样的背景下，一方面，以个案为基础的观察仍然是有必要的。每一处村落均可能面临着一系列崭新的问题，以实证经验为基础的调查将成为后续研究与实践工作的基础。另一方面，正如上述有学者已提出的，如何让村落遗产保护不仅限于表征式的符号保护，而能真正走向村落整体社会，理解在地社区更为整体性的生活，仍有待进一步的讨论。这也将成为本书下文所重点回应的问题。

1.3 关于嘉绒和土司历史既往研究的简要回顾

为了完成上述研究企图，本书选择了直波村作为研究个案，而直波村的村民主要以嘉绒藏族为主。因此，为了更好地理解直波村的全貌，有必要进一步了解既往研究中对嘉绒藏族和土司历史的相关研究。

在今天的学术研究中，如果将“嘉绒”理解为一种民族身份，学者多用其指“川西北岷江以西以及大渡河上游一个颇具特点的藏族支系，主要分布于今阿坝藏族羌族自治州的金川、小金、马尔康、壤塘、理县、黑水及甘孜藏族自治州的丹巴、雅安的宝兴等县，人口40余万”（石硕，2017）。尽管学术界关于这里所提到的分布地域，以及与之相关的民族成分等问题仍有争议，但是学术界多认为，“嘉绒”一词的本意指向的是温暖河谷的农耕地带。

从民族历史的角度，学者们多认为，嘉绒藏族与西藏地区的象雄文明存在着密切的联系。

关于“象雄”本身，才让太据本教文献的传统说法以及扎墩·格桑丹贝坚赞的研究，将象雄的范围大致框定在西至克什米尔，沿喜马拉雅山向东南延伸，北至葱岭、和田一带。冈底斯山作为象雄的中心，同时也是本教的起源地。至于东部边界，难以定论。才让太认为，随着雅隆部落（即通常认为的吐蕃的起源）和苏毗的崛起，象雄王室与东部多康地区的联系逐渐中断，而渐将影响力限于阿里和克什米尔地区。至于象雄王国的覆灭时间，本、佛二教记载不一，分别指向赤松德赞与松赞干布两个不同的时期（才让太，1985）。石硕在其研究中基本也继承了上述关于象雄文明地域的说法，只是根据《贤者喜宴》与《敦煌吐蕃历史文书》中小邦征战残杀的记载而更倾向于将象雄的性质理解为一种部落联盟，而非王国。并且将农耕社会的发展与政治体制上的稳定性理解为雅隆部落在6世纪前后兴盛的原因，并接受了是在松赞干布这一时期正式征服象雄这一提法（石硕，1992）。霍巍（1997）辅以《唐会要》中“四大臣分掌国事”、拥有“部众”等记载，辅证了松赞干布时期灭象雄这一提法。

对象雄王朝覆灭的确切时期加以佐证远非本书的目的；对于本书而言，上述既往研究对象雄王朝的讨论为我们理解嘉绒藏族的起源提供了重要的线索。王朝的覆灭并不等于人群的消亡，反而会进一步激发人群的流动。例如，才让太（2005）便根据《穹氏世系松石宝饰》中的记载，提及象雄在被归入吐蕃版图之后，穹氏后人继续修行本教，并主要向东繁衍传教。这段故事也成了大量学者在论及嘉绒地区的迁徙史时的重要参照之一。《嘉绒地区历史》一书在对嘉绒地区的历史脉络做出基本交代时同样也主张，在早期的狩猎经济时期之后，多有象雄达若人迁徙至嘉绒地区，时间可早至公元前2000年左右。7世纪松赞干布时期，又有卫藏人驻扎至此，并进一步繁衍分散。在这个过程中，雍仲本教和藏传佛教也先后传入该地区，成为当地主要的宗教信仰（阿坝州藏族历史文化古籍研究协会，2017）。此外，石硕（2017）也曾经通过琼鸟崇拜、土司传说以及视碉楼为“邛笼”的记载推断嘉绒实为东迁的象雄琼部，时代可上溯至汉武帝时期。其实较之更早的，马长寿（2003）早在《嘉绒民族社会史》一文中根据绰斯基土司、瓦寺土司等的创世神话以及嘉绒土司中的琼鸟崇拜推演出嘉绒与琼部东迁之间的关系。简言之，上述研究者大多认可嘉绒民族身上有自西向东的迁移特性，但具体到例如究竟来自象雄哪一分支部落、东迁时间究竟是汉还是唐等问题时，则存有争议之处。

在上述争议问题之外，唐以后的嘉绒地区历史显得要明朗许多。如果说上述记载更多依托藏文经典，《马尔康县志》则在汉文史书的基础上回应了该地区与汉地中央王朝之间的互动关系。书中持马尔康地区自汉代被纳入中央王朝版图的观点，唐代处在中央王朝与吐蕃的交替控制中，元代后便开始设宣政院、立土司制。至此，土司成为嘉绒地区最主要的政治统治力量，一直延续到中华人民共和国成立之后（四川省马尔康县地方志编撰委员会，1995）。至民国时期时，已有一批民族学、人类学学者前往该地开展调查，他们所留下的民族学、人类学调查材料可作为理解当时嘉绒地区历史状况的重要材料。上文已有提及的马长寿先生便是其中之一。马先生的工作不仅围绕在当时其所见的嘉绒地区的情况记述，还结合当地的史志、传说、口述史材料，对嘉绒民族的族源、土司彼此之间的世系交往等问题做出了进一步的考证（马长寿，2003）。与之大约同期的，林耀华先生曾于1944年前往当时的西康北部，即今康定一带开展工作。其记载显示，当地以喇嘛和土司作为贵族阶级；喇嘛势力不仅限于宗教方面，对世俗生活也有着重要的影响；土司制度未受清末改土归流影响，依然存在，世代袭职，享有领域土地；在土司之下，再设头目、村长、官吏、差民，富庶者再拥有家奴等（林耀华，1985）。1945年时，林耀华先生前往阿坝地区开展调查。他记载当时的马尔康已辟为市场，四方旅客相聚，梭磨、卓克基、松岗、党坝为当时最主要的土司地，因此俗称“四土”。四土地区在林耀华先生时期已被理解为“嘉绒民族主要的根据地”。除了该四土之外，还有大金、小金，共同构成了“嘉绒本部”；马塘以南则为“嘉绒冲部”，包括来苏、杂谷、瓦寺。这约十八家土司因其中至少有十四土司共操嘉绒语，因此被林先生称为“彼此气息相通”，“认之为嘉绒的民族团体”（林耀华，1985）。

至于松岗土司的问题，据马长寿考证，“松岗”一词藏语原意为“宏壮之屋宇”，与梭磨、卓克基、党坝一起为杂谷土司之分支，于清康熙二十三年时得安抚司印，所辖范围在理番县西北、党坝土司以东（马长寿，2003）。土司对地方的统治方式，《嘉绒藏族历史明镜》中有所记载。简单来说，当中央封建王朝敕封了土司头衔之后，土司头衔可以世袭。原则上，土司需要对上听从中央王朝的调遣和召唤。对内，土司所建立起来的更类似于一套自洽的封建农奴制度。土司掌握生产资料，尤其是土地所有权，土司可以将土地分为自用的庄园地、头人和寺院用地以及归农奴耕种的份额土地。所谓“头人”，其级别次于土司，属于土司之下、农奴之上的基层管理人物。头人也可以将自己的土地出租给农奴。农奴无论是从土司还是头人那里获得土地之后，都需要首先缴纳一部分地租。土司治下涉及百姓生活的职能机构齐全，军事卫队、财政、司法官员也一应俱全。此外，僧人以及宗教用地在这套体系中是有其独特地位的。寺院可以通过结缘，从土司和头人手中获得一部分属于自身的土地。土司大多有虔诚的宗教信仰，因此高层僧人的地位也随之显赫，从某种意义上来说，土司的统治也处于一种政教合一的局面。土司会建造自己的官寨，作为地方的统治中心，土司家庭也常年居住在官寨之中（白湾、华尔登，2009）。这种政教合一或政教联盟的关系当时在整个康区非常盛行，郑少雄将其称为一种糅合外部权力所形成的“崭新的本地复合形式”（郑少雄，2011）。

索国光1940年继任瓦寺土司，他如今留下来的口述史可作为理解当时的土司情况的参考。他的记忆，也印证了嘉绒藏族来自象雄琼部这一说法。同时，他也提及，“琼”意味着琼鸟，瓦寺土司官寨大门便立有木雕琼鸟，大堂正中也供奉琼鸟（索国光，2019）。这与卓克基官寨的现有档案材料以及后文我们将提到的松岗、直波村民关于松岗土司的回忆均是一致的。在管理制度方面，索国光所述基本与上文所述一致，但在他的回忆中，确能补充不少细节。例如，土司与平民（即上文所述的农奴）之间不完全是单一的威权式管理模式。据索国光回忆，土司下设总管，总管再设寨首，寨首下再有乡约，乡约下再有平民。而寨首和乡约的选择不仅仅是由上级指派，也还需自身能力较强、威望较高，并且是由平民公选，最后再报请上级委任（索国光，2019）。

中华人民共和国成立之后，随着嘉绒地区的解放，土司制度也随之瓦解，在此之后嘉绒地区的历史脉络也与整个新中国的发展历史更为紧密地结合在了一起。根据《马尔康县志》的记载，较具备代表性的事件包括，新中国从1950年开始便在茂县设立专门面向四土地区的临时工作委员会，1951年正式宣布和平解放该地区。而后，虽仍有局部性的、未消亡的地方性土司、头人带领或参与的叛乱或反革命活动，但是整个地区总体仍处在平稳发展中。更具备现代性的地方治理体系，包括税务所、邮电局、学校等机构，均在20世纪50年代以来于该地区逐步建立，1954年时已在试办农村互助合作组，1955年在马尔康地区正式推行土地改革运动，20世纪60年代以后同样受到了数次政治运动的影响，等到1983年前后开始在该地区推行家庭联产承包责任制（四川省马尔康县地方志编撰委员会，1995）。

1.4 关于碉楼与藏寨的既有研究与调查

在完成上述对与直波有关的历史问题的基本梳理之后，想要理解直波村的遗产价值，还有必要注意到，嘉绒地区究竟还现存多少同类的遗产，与这些遗产相比，直波村的遗产价值何在。在时间和条件的限制之下，我无法走遍嘉绒地区的全部同类遗产，因此本节将以学术界既有的研究与调查成果为基础来展开。

根据遗产名录，从物质遗产的角度，直波村身上具备了两个极为显性的遗产身份，一个是以碉楼为代表的文物保护单位，另一个则是全村整体入选传统村落。因此，本章本节所关注的所谓“同类”遗产，也将主要以碉楼和藏寨为关键线索来展开。

首先，关于碉楼的问题，学术界已经不乏对此问题的相关讨论。清末，大批传教士、探险家相继进入西南，便已留下了诸多关于碉楼的描述。民国以后，国内外学者对中国西南的民族调查兴趣愈浓，陶然士、葛维汉、任乃强、马长寿、庄学本等学者都曾先后进入当时的川康一带，并留下相关的调查材料（黄晓帆，2008）。今天可见的对于嘉绒地区建筑、民族文化等内容的研究作品大多在不同程度上涉及对碉楼及其相关问题的讨论。在这些研究与调查中，无外乎从碉楼的历史、物质形制与分布以及社会功能等角度加以展开。

从碉楼历史的角度，《后汉书》中关于“邛笼”的记载常被认为是正史中关于后世所论的碉楼的最早记载。也有部分研究认为后代汉文文献中的"石巢"的记载与碉楼相符，从而将其年代推到了隋唐时期（多尔吉等，2011）。清代乾隆年间"大小金川战役"之时，已有较为可信的关于碉楼普遍存在的记载。

从物质形制与分布的角度，《东方金字塔——高原碉楼》一书作为嘉绒地区的藏族文史工作者编撰的著作，也积攒了大量的一手调查材料。该书根据其形制，将碉楼分为三角碉、四角碉、八角碉、十二角碉等（多尔吉等，2011）。黄晓帆的调查以藏羌碉楼为对象，对其分布、形制、建造技术等问题均做了较为全面的综述和实地调查。他对碉楼现状的总结可概括为：集中分布在北纬26°~32°、东经85°~104°区域，包括四川、西藏、云南三地；其中，尤以四川西部最为集中，约720座；在这当中，甘孜州约610座，阿坝州约114座（黄晓帆，2008）。

此外，值得一提的是，就《东方金字塔》一书提供的数据来看，整个阿坝州嘉绒藏区四角碉楼最为常见，八角碉楼较为少见[①]。下文我们即将展开的直波村便保存有八角碉楼。据《东方金字塔》一书的统计，阿坝嘉绒藏区仅保留有9座八角碉楼，并多有损毁（多尔吉等，2011）。学术界关于碉楼的棱角数量是否对应着特定的功能或者象征意义，仍少有研究；但是就现有碉楼的现存状况来看，或与碉楼棱角数所能在建造技艺上提供的稳定性等因素有关。从体量和高度来看，八角碉较其他类型的碉楼而言普遍更为宏伟高大。关于碉楼的建造技艺，学术界也尚未能做出足够详细的解释；尤其是针对八角碉而言，在嘉绒藏区所流传的关于八角碉楼的传说中，能看到一定程度上对技艺本身崇拜的痕迹。例如，《东方金字塔》一书中便有记载，位于金川县的石旁村便留有传说，当地有越瓦一家，父子8人每人负责修建一角碉楼，并致力于将碉楼不断向上修建。儿子们曾在碉楼修建至约6层高度时骄傲自满，后父亲一人修建余下部分，令儿子们赞叹不已，于是儿子们才自愧悔过，日益精进修碉技术（多尔吉等，2011）。

从社会功能的角度，《东方金字塔》一书将碉楼分为家碉、寨碉、战碉、风水碉、风火碉、界碉、要隘碉等，代表了其在家庭生活、地方统治、精神象征以及战争防御等不同层面的功能意义（多尔吉等，2011）。此外，也有不少学者从自身的民族志材料出发，更进一步论述了碉楼与其所在的诸多地方性知识与社会生活之间的关系。例如，石硕发现，在扎巴地区，与房屋相连的碉楼会被称为"拉康"，有神堂之意；碉楼顶层在功能上往往是经堂和祭祀之用；传说中碉的建造也是神秘力量为了人的生存而建。因此，石硕也据此推断出碉楼的神性（石硕，2008）。李春霞（2018）在德村的民族志中则提到了碉楼在当地被理解为菩萨的脚印以及被认为是起源于宗教的现象。

其次，除了上述关于碉楼的讨论之外，我们还需要将目光投向藏寨本身。

① 这与黄晓帆对整个藏羌碉楼的调查数据也是吻合的。

20世纪80年代，随着特殊时期结束，中央和地方的各项工作逐渐恢复正常。四川省建设委员会、勘察设计协会、土木建筑学会从1988年①开始便试图对四川省域范围内的民居展开建筑调查。1994年受到中国建筑学会民居学术专委会的推动，对四川民居的调查又进入一个高潮。在这数次官方组织的集中调查中，四川地区境内的藏族民居自然也被作为重要调查对象，而本书所关心的马尔康、嘉绒地区从此时起便也得到关注。通过这一系列的工作，官方和学术界都逐渐形成一套关于嘉绒地区藏寨的聚落和建筑的基本认识。例如，学者们大多认为，嘉绒地区藏寨的建筑大致可分为官寨、碉楼/房、民居等不同类型；大多依山势地形而建，可在山坡平缓或山谷地带处营建；建筑选材来源于当地自然资源，以石质建筑为主，石、木、泥土为主要的建筑材料；建筑装饰以墙体饰白灰、门窗处做彩绘处理最具特色，同时其背后饱含宗教寓意；民居内部基本可分为饲养区、生活区、经堂、晒坝或院落等基本结构，等等（王其钧，2000；四川省勘察设计协会，1996，2004；李先逵，2009）。

上文的论述分别从碉与寨的角度简述了学术界的既有调查与研究情况。与此同时，近年来的诸多研究也开始将碉和寨进一步结合起来考虑。例如，黄晓帆（2008）的调查虽主要集中在碉楼本身，但是也提出碉与寨“合二为一”的问题，将藏羌碉寨看作是一类文化景观。李建华等所做的关于西南碉寨的整体研究注意到碉楼与邛笼之间的分离关系，及其现有分布地带与西南藏羌民族之间的重合关系；同时，也以黑虎、桃坪两座村寨为典例论证了其空间格局层面的军事防御性（李建华等，2011）。这种将碉与寨相结合的看法也得到了官方遗产体系的承认，在《中国世界文化遗产预备名单》中“藏羌碉楼与村寨”的名义清晰可见。2014年《世界遗产》杂志也以“藏羌碉楼与村寨”为名进行了总体介绍，从民族交流、适应自然环境和独特的建造技艺/形制等层面理解其遗产价值。在此文中，有所提及的代表性案例包括布瓦羌寨碉楼、萝卜羌寨、桃坪羌寨、黑虎羌寨、丹巴碉楼与藏寨、直波碉楼与藏寨、曾达关碉群、康定古碉、道孚古碉。孙华及其研究团队所开展的西南少数民族村落调查于2018年出版了关于藏族村寨的调查简报。简报中所涉及的村落是位于四川甘孜丹巴县的五处村落，从简报中可见，这五处村落的空间范围内均有碉楼的存在；但是碉楼与村落之间的关系又有所不同，其中以家碉为多，罕额依村可见与庙宇结合在一起的经堂碉。而从简报的描述来看，这些村落都与现代村落相距不远，与现代村落生活紧密相连，这都可辅证上文已有提及的碉与寨相结合的结论；但同时，由于村落本身处在不断地变化中，碉的位置是否对应着最初村落的边界或者中心，实际上存在着难以实证的困难（孙华，2018）。

上述研究为我们提供的材料，已能看出，碉楼的营建通常不会距离人群聚居的藏寨太远，

---

① 另说始于1986年。

碉楼的功能性是服从于村寨中特定居住者的需求的。但是，随着自然的损毁或村落本身的变迁，即便从上文论述碉楼的功能时所列的军事性、标志性、象征性等因素来考虑，是否所有的军事性村寨均有防御性的碉楼、是否所有的带有统治性寓意的村寨均有象征性的碉楼、碉楼是否能作为村寨的边界或中心的空间划分标志、碉楼的营建是否有更为复合型的因素影响等一系列问题，仍还有进一步研究的空间。毕竟，从保存现状的角度来看，嘉绒地区碉与寨之间存在明显结合关系的案例也已不常见。

第二章

直波村的基本概况

第一章的讨论阐述了本书的理论与实践背景，并简要交代了我们想要了解直波村这样一座村落时所必备的研究基础。本章将具体讨论直波村的基本概况，带着物质遗产研究的通常视角，以期为首次接触这座村落的读者勾勒出它的轮廓。

直波村，位于四川省阿坝藏族羌族自治州马尔康市松岗镇。按照2017年的资料，全村共有两个村民小组，142户[①]，2017年人均纯收入13956元。交通区位上，该村距离马尔康市区仅约14公里，紧邻317国道。直波村民除少数个例外，基本属于嘉绒藏族，在生活习惯上保留有较为明显的民族文化特点。村内普遍信仰藏传佛教，尤以宁玛派为主流。

按照今天的行政划分，直波村分散聚居在三处。第一处位于梭磨河以北，与今松岗镇混杂；第二处位于梭磨河下游，紧邻317国道，当地人称普尔马沟（藏文音为puerma）的沟口；第三处位于梭磨河以南，紧邻317国道，官方称莫斯都沟、当地人称莫脚沟（藏文音为mojo）的沟口。无论是从人口规模还是地方认知的角度，今天所论的直波村均主要指向第三处。村民们回忆提及，第一处的住户为历史上未搬迁的遗留住户，第二处的住户则为另两处用地紧张之后单分出去的少数住户。因此，本书下文所论的直波村的情况也主要以第三处为主。

从聚落的角度来说，直波村符合四川盆地西部山地地区常见的聚落形态，即四面高山环绕，村民沿山谷（也即当地村民们常提的“沟”）地带聚居建房[②]和安排交通。因此，聚落分布相对较为集中，尤其是生活住房集中在一起，田地、林地或草场则以自身住房为核心依靠就近原则向外扩散，村内交通的主干道也与山谷主要延展的方向相一致。上文已有提及，官方将直

① 也有官方数据称为140户481人。

② 这仅就现状而言。从村民的历史记忆可知，嘉绒地区的山坡地带也有村民居住。并且从下文即将提及的碉楼的分布情况来看，碉楼也常现于山坡处，可见其生活聚落并不会完全脱离山坡来展开。

波村旁的这条山谷称为莫斯都沟。沟内自然发育了一条溪水，当地人称莫脚河，自北向南注入梭磨河。莫脚河将直波村又切割为了东西两侧，两侧有桥梁相通。东西两侧各靠大山，其中，西侧住户较多，西侧山坡上也设有村内最主要的一处集中墓地（墓地起始时间据村民回忆已不可考）。由于村内主要信仰藏传佛教，因此路口转角、村口处均有自发形成的玛尼堆，西侧山坡上设一座祭拜山神的“塔子”①，寺院等信仰中心地带前也同样设有煨桑的“塔子”。

对于直波村的聚落现状而言，村内的八角碉楼（又可分为南北两座）和罗梧楞寺（又可分为旧址、新址两处）显得最为重要。从目前所能看到的空间分布上来说，两座碉楼的位置靠近村口，寺院位置居于村中心。在后续的章节中我们将详细讨论，根据村民们的回忆，直波村原有城墙环绕，但已不断坍塌，石料被村民挪为他用，仅在北碉楼山坡处保留少段遗迹。从现存城墙遗迹与碉楼的相对位置可推论，碉楼在历史上便一直位于直波村的外围地带，这在一定程度上也反映了碉楼的守卫、军事防备等功能。但是，寺院位置的居中是否便意味着村内存在着以神圣中心为居中的分布逻辑恐仍值得推敲。之所以这么说，理由源于，从后续章节的讨论中我们将看到，由于碉楼和寺院的形成年代较早，现代民居与它们之间的关系更应被理解为一种回避型关系，并且，结合马尔康一带的其他聚落的情况，也基本不存在一定将寺院居中的逻辑。这或者也源于马尔康一带的聚落均位于狭长山谷地带，均面临着可用地有限的基本条件限制。

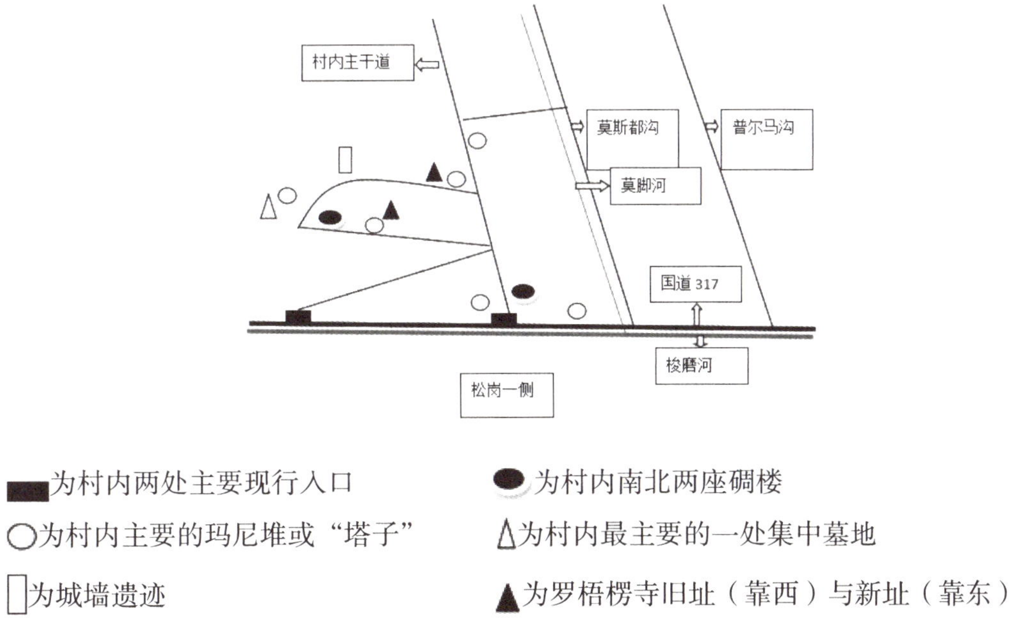

图2-1：直波村聚落关系示意图

① 注：在对直波村的现场调查过程中，也有村民提及，村内祭拜山神时使用的煨桑“塔子”严格来说不应称为“塔子”，而应称为“kaere”（藏文音）（类似同理的还有民居房顶上插有玛尼旗的烟囱式设计，村民称其同样是为祭奉山神，同样称为“kaere”）。但因对于普通村民而言，在其日常称呼中也不对其进行区分，统一以“塔子”来称呼，故在本书中暂也不对其作出区分。

关于村内的民居建筑形态，朱荣张曾在2011年间在直波村做过比较详细的建筑学调查工作，目前看来也依然较符合直波村的建筑现状。他将直波民居总结为依山就势、就地取材的人居环境；石砌墙体为外观特征；墙体厚重粗犷、门窗开洞较小，巧妙利用屋顶空间；建筑颜色绚丽、装饰华丽。在他的统计中，直波民居户均建筑面积约250平方米，通常有3至4层，最上层多为占房屋面积一半的偏楼，外观呈“J”形，整体为上小下大的方体。底层为畜圈，中层为生活、储藏区，上层为晒坝、饲草杂物堆放和经堂区。朱荣张还注意到建筑外观的装饰及其与宗教信仰之间的关系（朱荣张，2012）。此外，直波村还在2017年编制完成一套传统村落的保护与发展的规划，规划文本中关于民居的表述基本与上述研究保持一致。只不过，相较而言，其更强调这种石材垒砌、方体结构以及四角上翘等做法“是嘉绒藏族民居建筑的典型代表之一”，并将其概括为一种“垒石为室”的建筑传统和“邛笼”式建筑风格。同时，规划文本中

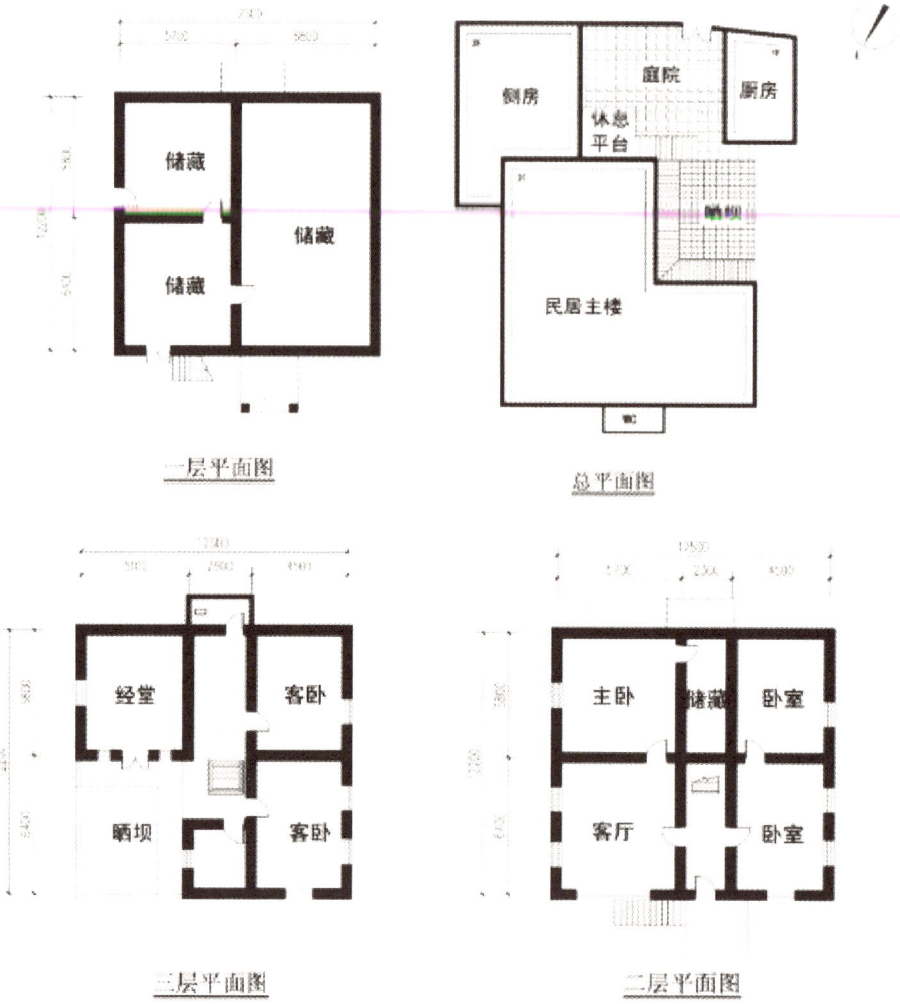

图2-2：直波村典型民居夏棋德宅内部功能布局图
（引自《马尔康直波藏寨民居建筑研究》，第42页）

也对建筑室内室外的装饰做出了更多的诠释，同样也是遵照建筑学的传统做法，对其图案做出了类型学划分，以及分解了其色彩构成，强调其整体视觉效果。

至于直波村的这两座碉楼，根据《东方金字塔》一书中的提法，我们可将其分别称为若布碉楼（藏语音为“ropu da yong”）和噶珠碉楼（藏语音为“gatsu da yong”），前者位于村南农家乐旁，后者相对靠村北山坡，位于村内墓地旁（为了表述方便，后文依村内习惯，将前者简称为南碉，后者简称为北碉）。“da yong”为当地藏语的发音，通常被直接解释为“穹楼”；而“ropu”和“gatsu”的具体含义，对于当地村民而言，也已经不知。关于这两座碉楼的历史性质，主要集中在以下两个方面：其一，建于清康熙年间；其二，主要用于军事防御，类似于哨所和避难所的意义。但实际上在这当中仍有诸多细节有待考证。此外，《东方金字塔》一书也为我们提供了关于这两座碉楼的基本建筑数据，从中可见其宏伟程度。

表2-1　南北碉楼建筑形制概况

（整理自多尔吉、红音、阿根著《东方金字塔——高原碉楼》，中国藏学出版社，2011年版）

南碉	八角碉楼	通高29米，共9层，从底部至顶部逐渐收窄	外部从入口延右侧逆时针一周，每角边长为3米、2.8米、3.1米、3.05米、3.05米、2.8米、2.9米、3.15米
北碉	八角碉楼	通高24.7米，共9层，从底部至顶部逐渐收窄	外部从入口延右侧逆时针一周，每角边长为3.4米、2.35米、3.35米、3.16米、3.25米、3.55米、3.3米、3.4米

当然，无论是上文所述的碉楼的神圣性，或是传说中所流露出来的对技艺的崇拜，在直波村是否同样存在，这仍需要我们余下的章节来展开。值得注意的是，关于直波碉楼的讨论不应单独视之。上文在进行历史回顾与交代空间位置时，已有多次提及直波村和与其一江之隔的松岗村之间的关系。实际上，现有的松岗村中也保留有两座四角碉楼，与土司官寨（现已毁）紧密相连。目前来看，直波村碉楼与松岗土司官寨之间的邻近关系也为推论该村、该碉在历史上的功能意义提供了其他上文已有提及的碉与寨之间所没有的证据与重要性。

那么，对于直波村以碉与寨为核心而形成的遗产价值究竟应当如何表述？本书希望在对整个村落的情况完成了更为详细的讨论之后留待最后的章节来加以总结。结合上文对于嘉绒土司历史、嘉绒地区碉楼与藏寨的既有调查与研究以及直波村的现状，本书认为，直波村的遗产价值至少可以从以下三方面加以讨论：

其一，保留有年代久远、现状良好的碉楼建筑，其八角碉楼的形制和宏伟程度在该地区均为罕见。

其二，保留有较为完整且具代表性的嘉绒藏族村寨，村寨的聚落、结构、单体建筑特征均反映出较为明显的民族独特性，并且作为一类活态遗产与当代村民的生活有机地融合在一起。

其三，碉与寨之间的关系结合密切，对于研究特定时代的土司地方治理结构、村落生活、营造技艺等问题均留下了诸多值得探索的线索；并且，在更为长期的历史过程中，碉与寨之间的结合关系也并未中断，形成了独特的村落文化景观，在该地区的其他村落也属罕见。

第三章

从文化建设到遗产保护

第二章实际上遵循了一个通常的物质遗产研究的“套路”：从对与直波村相关的既有历史研究的回顾，到对直波村最为“直观”的物质遗产的观察和描述，穿插与部分同类遗产的比较，进而得出关于这样一处遗产地的遗产价值的基本认知。实际上，对于保护一处遗产地而言，仅仅理解上述内容仍是不足够的；想要真正做到遗产地的可持续发展，从政策和行动的角度全面理解该遗产地的相关保护工作，也是至关重要的。而在这个过程中，需要注意的问题在于，不要仅将目光锁定在遗产相关的工作上；所谓的遗产相关的工作，是建立在更广泛的文化建设工作背景之下的。只有对此展开更为全面的梳理，才能更为全面地理解文化与遗产工作所取得的成就，以及未来发展的空间。

3.1 阿坝地区的文化政策与具体行动

通过对阿坝地区近40年来档案资料的查阅，该地区的文化建设工作实际上可以分为以下几个方面：

在建设性文化工程方面，最典型的是各类地方性质的博物馆、文化馆/文化宫的建设。1981年文化部发布了《文化馆工作试行条例》，对各地的相关馆舍建设做出引导。而与之呼应的，1983年，阿坝州便已经开始计划投入建设当地的民族文化宫。从当时的档案材料中可以看出此时的文化宫的基本设计思路和布局。当时的文化宫其实在很大程度上囊括了日后的地方博物馆的职能。档案材料中提到，它需要收藏并展览“历史文物、革命文物、民族民俗文物、宗教文物”，同时设立“革命历史文物”展厅和藏族、羌族各自的“民俗文物”展厅。在此基础上，另辟空间作为“书画院”，书画、摄影等展览则放在这个空间内；同时设有群众的文化娱乐空间、歌舞厅、青少年活动中心等。

从这个设计其实已经能够看出，在我国的制度设计中，将文物（文化遗产）问题与艺术问题分而视之的倾向在此时已经开始显现出来。而在文物类型内部，上述提案中所述的民族文化宫对“文物”的分类也映衬了自1982年《文物保护法》颁布以来所奠定的主流划分逻辑，在“历史”的基础上，将“民族”“民俗”和“革命”单列。同时，或考虑到藏族地区的特殊性，“宗教”也被单列。这样的现象说明，从遗产研究的角度来看，当时的建设性文化工程中对“民族”“民俗”“宗教”这样以今天的眼光看来更具活态性、非物质性的物与实践保持了相当的重视程度；但是与此同时，这些工程项目在重视这类物与实践之时，秉持的还是传统对物质性的追求，这些词汇的落脚点都在“文物”一词中“物”的身上。

到了2000年的时候，档案资料显示，阿坝地区至少已经在马尔康、汶川、九寨沟三个县建立起来文化馆。这三个地方实际上也是阿坝地区一直以来的重点经济和政策导向地区。这个时候，文化宫和博物馆之间的边界对于阿坝这样的“地方”而言依然是模糊的。2000年时，当地还在考虑将阿坝州的民族文化宫直接改建为当地的民族博物馆。博物馆建设的宗旨依然是为了展现从“一个国家”，进而小到“一个民族”，再到“一个地区”的文明程度和历史发展。展陈体系则是在上文已有提及的对文物类型做划分的基础上的衍生，分为“历史陈列”“长征史诗陈列”“州情陈列”以及“民族陈列”。其中，“民族陈列”，顾名思义，旨在完成对阿坝地区的藏、羌两个民族的全面展示。这个过程中，上文所反复提及的对物质性文化符号的重视再次反映出来。展示的重点落在了以衣食住行、“生产生活”为代表的“民风民情”之上。

更进一步，这种倾向其实也是建立在一种横向的文化间的差异性比对的基础上而形成的。用更具实践性的政策术语来说，这在当时的档案材料中被描述为一种“特色立文”的思路。这种思路进一步落实到文化建设性的工程上，可以体现为在综合性的文化馆/博物馆中强调民族特色，也可以体现为建设发展专门性的博物馆。例如，马尔康地区惯以“嘉绒”作为其最重要的文化识别的标志符号，因此，2000年，以维修卓克基官寨这一马尔康当地最为知名的文化遗产和文化旅游地为契机，当地便提出来建设“马尔康嘉绒文化博物馆”。这项工程还一度被列到了阿坝州“十五”计划的“文化标志性工程”中。2005年，马尔康当地正式提出建设“四土藏族博物馆”，进一步将博物馆的主题范围从“嘉绒藏族”缩小到“四土藏族”，在强调了文化差异性的同时兼顾地方特性。

此外，建设工作落到更基层之后，不一定体现为上述的这类大型馆舍建设，一系列更为轻便的文化室、文化站、图书馆、活动室等场所开始在镇、乡一级建设起来。1992年阿坝州已经提出来需要“乡乡有文化站”。1996年阿坝州的一份“九五”计划将这个意图表述得更为明显。它明确提到：“把文化工作的重点放到农村、牧区”，形成“以县文化馆、乡（镇）文化站和村文化室（中心）为依托，县、乡、村三位一体的群众文化网络”。而在这个过程中，阿坝州对地方的差异性特质的捕捉是从未放弃过的，而“独具”地方特色的“传统文化”在这个过程中便也受到了前所未有的重视。

建设工程类项目需要有足够的资金、人员和场地，因此，想要这类项目真正能够投资落地反而是需要契机的。在此背景下，“地方”在开展文化工作时也有另一个方向，即对区域内的所谓“艺术”的培育。

首先，这种培育工作可以表现为，以“地方”为身份，组织或参与到各类官方性质的艺术节庆、比赛或活动中。每一次节庆、比赛或活动的开展，对于当地而言都是一次建立文化认同的过程。既然要举办这类的节庆、比赛或活动，那也意味着需要再次对自身行政辖区内的各类艺术资源进行盘点。1984年阿坝地区举办了首届业余藏戏会演。1990年，四川省举办了首届少数民族艺术节，此后数届连续举办，阿坝州都积极参与。这个过程中，带有民族特色的歌舞表演成为一个重要的子项目。而借助参加这类大赛，对“地方”而言不仅是一个寻找行政范围内的歌舞资源的过程，也是一个鼓励为符合特定的主题而全新创作歌舞的过程。这个全新创作的过程，一方面不会背离既有的民族文化资源太远，另一方面又可以结合当次的主题进一步发挥，并提取其间的文化符号。

其次，这种培育还通常与自上而下的各类名目的引导有关。

上文提到的民族文化节也是首先以省为单位来组织，然后才有了后续的更基层的响应。在举办这样的节庆的过程中，各类名目纷纷得以创立。在此过程中，处于“下”的“地方”需要不断贴合“上”所制定的规则和门类。“艺术”的概念与“文化”的概念更紧密地捆绑在一起。“上”所引导的艺术或文化身份、级别成为“地方”所积极努力和奋斗的目标。例如，我们能在2001年阿坝州的文化政策中不断看到积极申报世界遗产、积极列入“文化生态保护示范区”等相关名录的提法。

值得注意的是，自上而下的引导并不意味着所有的艺术、文化工作都要等到上级正式将其名目化之后才会在更基层的地方开展。正如上文所提的，地方基层一直具备寻找自身独特艺术、差异性文化的热情，只不过缺乏特定的契机以将其正式集中性地名目化、官方化。因此，“上”与“下”之间建立起某一类艺术或文化名目的时间顺序也有可能反转过来，从而形成彼此交织、相互影响的局面。例如，1998年，文化部推出了“中国民间艺术之乡”的说法，阿坝州作为可备参加的单位之一积极响应，寻找州内的“民间艺术”。但这项工作在1994年阿坝州的文化工作总结中便已能看到端倪，当时的文化工作总结中已有“大力弘扬民族民间优秀文化，努力建设具有各地特色的文化之乡”的字眼。但是由于缺乏集中性的名目，这项工作的成果一直未集中性地显露出来。直到1998年文化部对“民间艺术”正式定名，这才有了2004年阿坝州试图将马尔康申报为“民间艺术之乡”的努力，才有了“锅庄的故乡”这样的称号。

并且，这套自上而下的逻辑不仅体现在中央、省、市（州）之间，其影响力也可以一直渗透到最基层。例如，马尔康市下属的松岗镇（当时为松岗乡）在2000年组织“群众性文体活动”时，卓克基乡评选“文化先进乡”之时，其开展的逻辑基本与上文所述的在省、州一级所呈现出来的图景是一致的。

关于上文提到的“民间文化”的问题，实际上最晚到2004年开始有了另一个不同的表述形式，即“非物质文化遗产”。在现在所能看到的档案材料当中，2004年，阿坝州曾经收到过一份启动州内非物质文化遗产申报工作的建议案。在对建议案的回复中，阿坝州表示，州内已经开展了相当程度的民族民间文化保护工作，因此也算是在此类工作上有所建树了。由此可见在当时这两个概念之间的亲缘性。到了2005年，文化部开始正式设立“非物质文化遗产代表作”名录，作为地方的阿坝州也正式开始响应这一政策。2005年阿坝州为了响应四川省实施民族民间文化保护工程的号召，也推出了本州范围内的民族民间文化保护工程的实施方案。在该方案中，阿坝州已经开始试图捏合“民间文化”和“非遗”这两个概念。方案中提道：“‘州民保工程’保护对象是指……珍贵、濒危的并且有历史性、艺术性、科学性的非物质文化遗产。”同年，阿坝州也开始响应文化部的政策，将“马奈锅庄”推荐成为首批国家级的非遗代表作。

在此之后，非遗保护的问题在阿坝州后续的文化政策中日益受到重视。2011年通过了阿坝州《非物质文化遗产保护条例》，并以非遗的名义积极参加了四川的国际文化旅游节。实际上，无论是“民间文化”，还是“非遗”，当它们日益明确地成为官方引导下的一项政策或工程之时，其对符号式的表征特性的追寻也会愈发浓烈。例如，上文提到的“民保工程”在落实成为具体的保护措施后，也主要集中在寻找相关的代表人物，确定“传承人”；推荐各类作品、“艺术”成为非遗之时，既然是名为“代表作”，那么此时官方机构在对这类作品、“艺术”进行阐释之时便会着力于强调其自身的特殊性，强调其符号性的程式规则，突出其在一定范围内的代表性。

这样的做法是否完全契合非遗概念的本意，恐怕还可以进行更进一步的讨论。例如，李军（2006）曾经有文章专门讨论过非遗概念在被简单理解为“代表作”之后所带来的对文化多样性的误读。但是，不得不承认的是，站在地方工作的立场，这样的做法是极具可行性和便捷度的，并且也能为地方带来更为广泛的现实利好。其中之一的利好便是，越是从中提取差异性、代表性乃至符号性的表征，越是能够有助于让这样的“文化”“艺术”成为一种资源，便于把控，利于开发，从而走向一条旅游的道路。

从档案来看，阿坝州至晚在2005年便已经提出了“民族民间文化资源保护与开发”的口号，由此，更进一步为将这一系列的文化、非遗转换为一种旅游性质的基础资源铺好了道路。当然，文化旅游的问题在阿坝州的起步时间显然比2005年更早。毕竟，对于阿坝这样以民族身份为鲜明特色的地区而言，即便是在20世纪90年代以来对九寨沟、黄龙等自然景区的打造中，“人文名胜”“民族风情”等提法也早已出现过。阿坝州在2000年的一份文化产业发展报告中，很好地表述了其对民族文化的态度。在阿坝州看来，民族文化是一种“资源优势”。鉴于当时阿坝州在旅游开发上对自然与文化仍然存在明显的分而视之的倾向，以及文化类景点受重视和开发程度不足的现状，阿坝州开始提出“阿坝州民族文化走廊”工程。这项工程在2000年以后一度成为阿坝地区重点推进的文化项目，并且很好地表达出了文化问题与旅游问题之间的亲缘度。

这条文化走廊的建设内容主要集中在打造一系列以文化为主题的旅游目的地。它首先需要与州内已有的“黄金旅游线”相契合，沿旅游线而建；进而要求，“从事旅游开发或搞任何一个项目，都应当注重文化的内涵”。在此基础上，对文化符号的提取依然是重要的。上文已有提及的阿坝州的那份2000年的文化产业报告中再次提到，具体实现这类文化资源的开发便需要“确认我们实物形态的文化资源的独特性”，而对于所谓的“非实物形态”的文化资源则需要“整理、加工”，同时还可以“依托一个故事、一个传说、一种记载”去将特定的地点旅游资源化，并且强调需要在这个过程中“注重对形象或形式的研究”，因为只有这样“才能吸引人的注意力”。

在这样的背景下，2000年前后，阿坝州已经基本形成将州内的文化资源切分为历史文物（主要指各级文物保护单位和历史文化名城）、民族文化（主要侧重于“民风民俗”、服饰建筑表演等内容）、宗教文化和革命遗迹等不同类别的格局，并且，这些类别都被作为旅游发展可使用的“资源”。在此基础上，2001年时，阿坝州更正式提出文化工作要为“建立旅游高地”服务，并再次在上述“资源”观的基础上将文化归类总结为“民族文化”“历史文化”“红军文化”“地域文化”这样的“四大特色文化”。

这些不同的文化类型还将对应到不同的地点，在一种旅游发展精细化定位的思路下各自得到放大。例如，在2004年阿坝州所推出的“藏羌文化走廊”的打造方案中便提道：“桃坪将提炼和表现以理县、汶川和茂县三个县为主要特征的中国羌族文化，而马尔康范围内更应该成为嘉绒藏族文化的集中体现之地。”

这种文化与旅游的融合不仅仅体现在上述的政策层面。落地之后，其一方面体现为在旅游地附近打造集中的文化主题的建设工程，这类工程实际上大多带有深重的“迪斯尼化”的色彩。例如，2000年的时候阿坝州已经开始大力在九寨沟这样已经具备较好旅游基础的地点打造所谓的“格萨尔王大营盘”，试图将格萨尔王这样的文化传说符号化地打造成为可参观性的场所。另一方面则是通过打造大规模的节庆式的活动，将文化符号嫁接到既有的旅游地上。例如，2002年黄龙便已经在试图举办文化旅游节，2004年时已经提出来要举办九寨沟藏羌民族风情晚会。这样的工作在实践中还能够与上文已有提及的对“艺术”的培育相互绑定。“艺术”“非遗”在这样的场所和节庆活动之下不断向一种表演式的模式转变。

3.2 从“文物保护”到“传统村落”

3.2.1 文物与遗产的理念与实践

20世纪80年代以后，我国的遗产保护事业逐步恢复。这个时期，一系列的政策性文件开始接续着60年代以前所奠定下来的脉络继续从中央落实到各个地方。通过档案材料可见，对于阿坝州这样的基层地方而言，在20世纪80年代开展地方文化遗产工作[①]时最常提及的理念之一便是当时已在全国范围内广泛提及的“三坚持”[②]、“五纳入”[③]等概念。这实际上暗含了我国在这一时期处理文化遗产工作时的一种基本倾向，即将文化遗产的相关工作首先视作一项保护工作，并且是一种底线式的非营利工作，同时下放权限至地方，也期冀借助通盘考虑、统筹纳入的逻辑实现其他业务对该工作的反哺。

这种保护工作的基础便在于登记造册，明确具体的遗产对象，从而将其纳入有关法规的管辖范围内。在这个过程中，上文已述的符号切分式逻辑便再次展现了其意义。例如，1981年，我国开始了第二次全国文物的普查。“普查”“登记”“造册”实际上也代表了我国在面临巨大的国土面积和难以估量的遗产数量之时所采取的一种基础性行动。相应的，阿坝州从1987年开始推动当地的文物普查工作。这项工作的基础便是需要对遗产进行定义和分类，并且定义和分类的标准必须是自上而下保持一致的。从档案材料来看，阿坝州在20世纪80年代以来所提的“文物”，与《文物保护法》中的范畴基本吻合，囊括了可移动与不可移动两个层面。阿坝州1987年开设的文物普查培训班的授课内容就已经包括了古建筑、古遗址和古墓葬、石窟寺与石刻等不可移动文物，以及古钱币与印章、古铜铁器、古陶瓷等方面。

这种登记造册的工作不仅仅局限在“文物”这一个名义之下。上文在论述关于“艺术”或“文化”身份时，提及了各式的官方名目。这种类似的逻辑也影响到遗产领域。地方在“历史文化名城”“传统村落”等名目的申报上表现出充分的积极性。在特定的年限范围内各级“重点文物保护单位争取达到××处”，“争取申报××为历史文化名城”等字眼在当时的政策文件和新闻中频繁出现。2002年时阿坝州专门成立了关于遗产申报的领导小组，来负责统领此类申报事务。

在有了上述各类名目之后，在不同的时期具体应该对应怎样的实践行动也自会有不同的侧

① 当时更常使用的说法实际是“文物工作”。
② 即坚持“保护为主，抢救第一”的方针，坚持依照文物法规办事，坚持教育和引导人民群众自觉地保护文物。
③ 即纳入当地经济和社会发展计划，纳入城乡建设规划，纳入财政预算，纳入体制改革，纳入领导责任制。

重。例如，在20世纪80年代的理念中，当特定的对象被认定为“文物”后，主要的工作会首先集中在本体的安全保护之上。近年来遗产理念中所提的展示、利用、活化、社区关系乃至关于遗产对象自身的研究，对于当时来说都不如保护来得重要。从当时的档案材料来看，在20世纪80年代末到90年代的时间里，对于阿坝州这样的“地方”而言，除了配合上层在特定时间段内所推出的专门项目以外，其日常主要的文物相关工作还是在于确立文物保护单位制度、完善相应的“四有”工作、开展馆藏文物的鉴定和管理、组织考古发掘和加强社会流散文物的管理等方面。由此可见，这显现出来的仍然是当时的《文物保护法》的框架和影响力。本体的保护工作在20世纪90年代的表述中，被称为“文物保护管理的基础工作”。在1996年阿坝州的一份关于文物工作的文件中，当地在为未来的文物工作划定工作重点时便明确提到，“安全保卫工作是基础工作”，“继续加强文物的抢救和保护，抓好维修、征集、发掘工作”。

在这个过程中，以怎样的名义和范畴来申报相应的遗产名目，实际上也代表了当时地方政府对其辖区内遗产价值的一种认知与文化政策在整体趋势上的导向。以申报世界遗产为例，2005年时，桃坪羌寨申报世界遗产的呼声已经出现在了阿坝州的“十一五规划”中。到了2006年时，申遗的范围进一步扩展到“川西高原藏羌古碉群”。2009年在论及汶川地震灾后的遗产工作时，提的也是“藏羌碉楼与村寨”的世界遗产申报工作。从中可见，这个过程实际上也是阿坝当地将“藏”和“羌”两个民族身份逐渐捏合到同一个地方文化框架下的过程。此时所反映出来的从碉楼到村寨的趋势更主要的还是一种建筑空间上的延伸，未见在这个层面上对活态或非物质问题的强调。

本书讨论至此，实际上已经引出一个问题，那就是“遗产”的概念究竟是何时开始在阿坝这样的“地方”代替“文物”的。在阿坝州的档案里面能看到，1987年阿坝州《关于收集藏戏剧本资料的通知》已经提到“文化遗产”一词，具体表述是“藏戏是我国民族文化遗产宝库中的一颗璀璨的明珠”。从更广泛的情况来看，就当时而言，它仍然没有完全与“文物”工作放在同一个框架内来考虑。直到2000年之时，一份促进阿坝州“社会事业”发展的报告中，开始使用“文化遗产”的提法来指代“文物”的具体工作。而在2002年阿坝州开始成立上述申报小组时，已经以“文化遗产”的名义来统领。进一步细究便能发现，此时“文化遗产”的含义实际上更接近于“文物”与“文化艺术”两个部分的合集，工作小组的成员也是从原有的文物部门和文化艺术部门中各自抽调。通常认为，在国家政策层面，我国从2005年国务院发布《关于加强文化遗产保护的通知》才开始正式宣告大范围使用“文化遗产”的概念来囊括过去“文物”所指代的范畴（牛大勇等，2019）。而到了地方层面之后，我们也确实能看到这样的变化所产生的影响。2006年之时，阿坝州在贯彻学习全省文化局长会议精神之时，开始正式以“文化遗产”为标题来替代传统“文物工作”所出现的篇章。有趣的是，到了这个阶段，仍然是

“文物”与“文化遗产”并列，全称为“加强文物文化遗产保护”。其中，具体内容除了包括传统的“文物”管理工作之外，还加入了“民族民间文化保护”和非物质文化遗产的内容。

此外，考虑到阿坝州在民族问题上的独特性，民族文物的收藏和保护工作也历来是阿坝州相关的文物或遗产工作的重点，这其中也伴随着当地在将“民族”与“文物”这两个符号拼合在一起时的观念和倾向问题。1999年，四川省《关于加强和改善文物工作的通知》提出了当时民族文物相关的工作重点，即“要把抢救和保护少数民族文物的重点放在近现代少数民族文物上，放在抢救保护濒临毁灭的少数民族文物上”。这里对“近现代少数民族文物”的额外重视其实反映出“民族文物”这个概念在我国所呈现出来的特点。丁雨迪曾经总结过“民族文物”这一概念在我国的形成与发展。他引述了宋兆麟在《民族博物馆学》一书中曾经给出过的“民族文物”在广义和狭义上的两种划分，前者包括各民族产生至今所遗留下来的所有实物资料；后者则偏重于近现代各民族所使用的具有民族特点的实物资料（丁雨迪，2012）。这样的偏重或也源于，在具体实践的过程中，出土的、历史年代更为久远的“民族文物”已在一个传统的“文物”概念和“历史价值”的范畴下有所关照，开展考古发掘工作的人员组成也不是传统意义上的民族学家，因此，实践中的“民族文物”则更多地如阿坝州的情况所显示的那样落到了近现代仍在使用的物品之上，并与“民俗”的概念相交织。

综上，上文已有的讨论主要集中在阿坝州及其更上层的政策层面，接下来我们也需要将目光转向更基层的实践。

以直波村为例，在这个村落内所发生的遗产化过程同样遵循着上文所述的从登记名录再到本体保护的逻辑，最典型的体现是在直波碉楼身上。直波碉楼在2001年时被公布为第五批全国重点文物保护单位，当时用的名字是“直波古碉群”。在当时当地的认知中，所谓的“碉群”，主要指直波村内的两座八角碉楼，以及松岗村内的官寨碉楼两座。在申报完成之后，对于当时的地方层面而言，最看重的首先是“四有”工作，这是建立起上文所说的针对文物本体的安全“基础工作”的前提。当时，“直波古碉群”的保护范围被划到了“以碉墙体外部东、南、西、北5米内为保护范围”。其次，遵照遗产领域内对特定对象进行遗产化时的惯例，时代是判断其是否具备“历史价值”的重要依据。直波碉楼的时代判断在当时的政府文件中已被统一表述为清代。之所以会被定为清代，根据我对亲历者的访谈，文物部门的主要逻辑在于，碉楼的兴建应与松岗土司在清代以来的兴盛有关。毕竟，根据普遍情况来看，类似于直波碉楼这等体量的碉楼，大多是寨碉，多用于战争，直波碉楼更是在地理位置上紧邻松岗土司的官寨，因此，在缺乏更为详细的文献材料的情况下，最有可能的推测便是将其与清代土司官寨的经营结合起来。

此后，虽然碉楼申报全国重点文物保护单位成功，但是其在当地政府的遗产化工作中实际上并不活跃。对于阿坝这样的地方基层而言，文物领域的经费和受重视程度都有限。在上文提及的遗产旅游的问题中，直波碉楼名列在各条旅游线路的打造思路中，但是从档案材料来看，在松岗天街的旅游成为热点之前，地方关于直波的旅游打造实际上也仍是更多停留在构想层面。直波碉楼再次出现在当地政府的文件中，要等到2008年汶川地震之后，在国家文物局的介入之下，迅速确定了直波碉楼作为首批文物保护维修项目。当时的报告显示，2008年时，碉楼已出现裂缝加宽的隐患。当时的保护工作在2009年被表述为“密切监视”，设立警示标志。直到2011年，四川省文物局正式批复了《马尔康直波碉楼保护维修设计方案》。除了这种直接针对本体的保护维修之外，自2009年前后，阿坝州还试图对卓克基官寨、直波碉楼和大藏寺三处全国重点文物保护单位制定保护规划，借此来引导这三处遗产向更高级别发展，同时也呼应了这一时期在文化遗产的相关问题上“规划先行”的导向。

虽然相较于其他更为“大热”的保护对象来说，直波碉楼的遗产化工作并不算活跃，但是，这并不意味着其对村落没有产生任何实质性的影响。随着村落内拥有了这样的一处全国重点文物保护单位，市县一级的政府可以此为名目申请相关部门的各类经费。同时，也可以环境整治等为名，从具体的文物对象辐散到更广的周边道路、公共设施等修建上。在这样的工作中通常也伴随着一套微观的条块模式。文物部门作为专门的业务部门，原则上统领全州范围内的文物或遗产事业。但是当细致到某一个遗产点的具体工作时，更为基层的地方政府掌握着更为直接的主动权和执行能力，从地方层级来看，更高一级的文物部门更为主要的还是担当审批和监督的职能。

近年来，直波村的文物工作也开始将村内的罗梧楞寺（旧址）纳入考虑范围之内。地方文物部门正在积极申报其维修相关工作。之所以要维修该寺，我对亲历者的访谈表明，除了本体层面遭遇的安全风险之外，促进旅游也是一项重要的动因。罗梧楞寺（旧址）之所以在官方层面可以被看作是一处遗产，也是因为它曾经在第三次文物普查之时作为一处“文物点”而被登录在册了。亲历者表示，在当下的文物或遗产工作的导向中，“文物点”的相关工作已经被要求视同文物保护单位来操作。从遗产观的角度来说，作为一处“文物”，官方所诠释的罗梧楞寺（旧址）的遗产价值主要聚焦在寺内所保存的诸多宗教壁画之上。从目前可见的壁画形制来看，部分专家将其断代为清代中期和晚期。这也进一步与直波碉楼属于清代的说法相呼应。目前，壁画所遭遇的病害主要来自建筑内的长期渗水。因此，上文所说的申报维修工作也主要集中在如何处理这一病害之上。

3.2.2 传统村落：基于文本的分析

除了碉楼与罗梧楞寺（旧址）这样的单体建筑和“文物”之外，在本章的最后我们再回到本书所核心关注的一个名目上，即“传统村落”。直波村被正式列入中国传统村落名录始于2016年。在我们日常的经验中，当一个久居深山的村落出现在这样的国家层级的官方名录之后，便有可能由此而名声大噪，吸引大量的市场化资金而走向遗产旅游的道路，或者至少借此获得一批从国家到地方各级各部委匹配的专项资金，从而改变村落内从基础设施到民居建筑等层面的现状。而通过我在直波村的现场调查来看，作为一种官方名录的“传统村落”称号对村内所产生的现实影响实际上并没有我们想象中的那么明显。这在一定程度上也源于，对于直波村这样的民族地区村落来说，它可以匹配的各个层面的官方名目其实是众多的。即便是从经费的角度来说，不同的经费落实到一个村落中，它的分配权落到了市、镇、村这样的层级网络中，一项具体的工程可能需要多笔经费的协调支持。因此，到底哪一部分的成效是哪一个名目的功劳，实际上很难区分清楚。

在这样的情况下，“传统村落”的直接影响力更为集中地体现在了借此名目所完成的一系列限制或导则性的规划之上。这也呼应了在第一章中我们所提到的，传统村落政策本身所带有的规划先行的策略。直波村在2017年编制完成了《阿坝藏族羌族自治州马尔康县松岗镇直波村中国传统村落保护发展规划》。这样的一份文本也能成为我们探讨遗产化过程中的观念问题（尤其是一种裹挟了现实实践需求之后的观念）的重要窗口。

规划文本的内容主要分为八章。前两章主要是现状评价，分别从“历史文化资源”和“人居环境”的角度入手。第三、四两章是作为规划所必备的背景分析和规划总则。第七、八两章是具体的实施和措施。规划主要的核心内容集中在中间的第五和第六两章，分别是保护规划和发展规划。在第五章中，它首先看重的是村落的整体格局以及内部的建筑物，其次对文物保护单位予以特别的关照，然后扩充到环境要素的保护，最后进行了对非物质文化遗产保护的讨论。值得注意的是，这里所谓的“环境”，除了更为自然的山川水系以外，也是一个囊括了自然与人文双重含义的概念。上文曾有提及，直波村民的主要民族身份是嘉绒藏族，他们对藏传佛教的信仰是广泛的。在这样的信仰体系下，村民们在村内也建造了一系列带有神圣意义的建造物。这一类建造物被该规划列入“环境”的一部分。至于第六章发展规划的部分，它所遵照的也是一个从整体定位出发，再落实到具体的产业、人口、设施、节点、建筑的逻辑。在这当中，旅游还是成为直波村未来最主要的一个发展方向。对此，规划中做出的解释在于，这一方面是为了匹配直波村已有的遗产资源，另一方面也是与2015年以来马尔康市所制定的“松岗古碉群”要创建4A景区的整体规划相一致的。

文本中对于整体性理念的呼应主要体现在对各个遗产要素的兼顾之上。建筑物（从单体到整体格局）、自然环境以及非物质文化遗产在这样一份文本中都有所讨论，并且文本也对其间的关系做出了考量。

该文本遵照的还是传统规划中所常见的划定保护范围为先的做法。而这种保护范围的划定是以“建筑群”和“内部空间格局”等物质性色彩更强的要素为“基本保护主体”的，并由此推导出不同层级的保护措施。并且，保护措施中的修缮、改建或者控制都是基于一种“历史风貌”的考虑，主要从各个“历史建筑”单点本身出发。在专门的“环境要素保护规划”这一部分，它所指向的实际上也是特定的金刚石、白塔、玛尼堆等单点的保护。再者，各个遗产要素被切分之后，其各自的保护模式和方法还是“各自为政”，细究起来实际上便容易出现难以整合的困境。并且，在经历了这样的切分之后，不同侧面的遗产要素受重视的程度仍有差别。例如，“自然环境”更多的是作为“民族与地方的文化特性”的一种背景或“基底”，笔墨较之于“人工环境”（更偏重于物质建筑层面）和“人文环境”（更偏重于非物质层面）明显更轻。

文本论及非遗之时，先依照节庆、仪式、饮食、服饰的分类对其进行切分和符号式的提取，进而再强调其在一定区域范围内各自所具备的代表性。这样的记述方式看似迅速实现了对当地的非遗现状一个全景式的描绘，但是实际上，在余下的章节中我们能够看到，文本中所提到的某些仪式环节落实到具体的实践之时其实早已被简化了，而某些仪式环节则被加重了。仪式环节的删或者增都与当时它所处的整体社会相密切联系，拥有其自洽的合理性。但是，当这些仪式环节变成文本中对非遗代表性的一种记述之时，这种种联系也因其在一定程度上超越了传统遗产话语体系而被有所忽略。如此一来，文本中所描述的这些非遗，它真的是一种直波当地会发生的仪式还是因“遗产”而被修饰过的版本，甚至只是嫁接了来自更广的嘉绒地区的习俗，我们是否以一种普遍性的特征掩盖了特殊性，这一系列的问题都值得质疑。此外，值得一提的是，文本在对非遗保护的具体手段加以讨论时，目前来看仅是嫁接了当下国际国内关于非遗保护常见的主要模式，缺乏更进一步的针对性。

这样的困境或源于文本在最初对各个遗产要素进行价值层面的考量时是分而视之的。正如我们在第一章所提到的，“传统村落”的整体性理念在很大程度上是为了弥合物质与非物质、自然与人文乃至过去与现在的二元对立。而在这样的一份“传统村落”的文本之中，物质、非物质与自然虽然都有出现，但是细读各部分的文本内容便会发现，它们彼此之间的联系并没有得到足够的重视，彼此的价值也仅是因其自身而存在。

再次，文本传达出来的仍是一套历史保护的逻辑。遗产对象是否具备价值，首先需要放诸一个历史尺度之内去权衡。而这里所谓的历史尺度又是以一种民族国家范围内的宏大历史叙事为核心的，对于地方性的问题关照不够。这在整个文本将“历史文化资源”放在第一章，以及其具体的表述中，均能看出。并且，这种历史保护的倾向发展到一定程度，实际上也易于陷入传统与现代二元对立的桎梏中。与这样的做法相呼应的另一份政策文本，2012年《关于加强传统村落保护发展工作的指导意见》在提出保护传统的重要性时，将其置于“工业化”“城镇化”的对立面而论，落实到村落之上，便强调其“是农耕文明不可再生的文化遗产”。在此基础上再读规划文本中对遗产价值和“历史”的描述，便也能清晰地看到这类倾向。

最后，这样的一份文本依然带有很强的将遗产资源化的倾向。其实，相较于一本专门的旅游规划或利用规划而言，作为一本“传统村落”的保护和发展规划，它所考虑的问题的层面要更为全面、更具保护导向。但是，这并不影响它在最终讨论“发展”之时仍然要将落脚点回到旅游之上，将遗产对象资源化的提法在文本中总是不时显现。

第四章

关于村落历史的记忆

通过上文的讨论，我们回顾了直波村相关的既往研究、基本概况以及保护行动。接下来，为了回应第一章我们所提出来的问题，即如何才能将传统村落保护与更为整体性的村落社会结合到一起，从本章开始，我们将更多引入在地社区的视角，理解在他们心目中的村落或者遗产是什么样的。

在地社区对于村落历史的记忆，是不可回避的问题。在直波村，村民中流传着许多关于直波历史更为鲜活的材料。例如，村民们大多提到，“直波”在当地嘉绒藏语中发音为“qibo”。按照村内老和尚（村内称一般出家人为“和尚”）的解释，“qi”意为“水”，“bo”则意为“男性”或“阳面”。关于该名称的由来，当地主要流传着两种说法。其一为太阳初升，阳光沿山沟照射之地；其二为传说有一喇嘛途经该地，将水倾倒之后便形成该村。尤其是第一种说法，与直波村今天所能见到的地理景观是紧密相称的。正如第二章中我们所提，直波村本身就处于一条山沟中，早晨旭日东升，阳光也确是从沟中深处生出进而照射全村的。

4.1 城与庙

对于一个村落的历史而言，最首要的问题往往在于什么时候什么样的人以什么样的形式占有了这一片土地。直波村民今天大多还能清晰地记得，今天我们所看到的松岗镇和直波村的范围曾经均是松岗土司的属地。而在今天直波村最为聚居的梭磨河以南的范围，曾经主要是为土司服务的“公安”（藏语发音“koba”）的驻地。用当地老和尚的话说，“公安”类似于维护治安、跑腿的人，在土司辖区内有谁“不听话”，就从直波派人去抓回来并施以惩戒。上文我们曾提到，土司与百姓的关系是要通过地租来维持的；但直波村的情况是，这种关系可以转换为，让自身成为“公安”进而在一定程度上省去自己的地租，但是代价就是必须要随叫随到、听候差遣。

相较于此说法，村内另一个流传的版本是，直波村曾经是一处兵寨，主要用于屯兵。关于这里的“兵”是否指的是土司自己的武装力量，不同的村民说法不一。有村民提到，这里屯的兵主要是当年清政府攻打金川之后在当地留下来的兵及其后代。这种说法的流行程度远不及上述关于“公安”的提法，但它至少反映出另一个有确凿史料记载的历史事件对当地的影响。“乾隆打金川”这一事件在后文还将被我们多次提到。

其实，无论是“公安”还是“兵”，其背后都多少给直波村打上了一层暴力机构所在的色彩。而与这种色彩相呼应的，是当地还流传着所谓的“直波城”的说法。许多年纪较长的直波村民都有提及，在他们儿时，直波村还曾有城墙、城门、围栏。城墙宽至可供马匹从墙上通过。城门上有锣，每日敲锣以示城门的开关。关于这些建筑的修建起始时间，村民们难以给出一个具体的版本，相信“直波城”有清代屯兵的村民，自然也会更愿意相信这些建筑均是清兵修建。但无论如何，这些建筑在今天已经不复得见了，至于其损毁原因，一说是在中华人民共和国成立之后的数次政治运动中被摧毁，一说则是在松岗土司失势以后当地村民为兴建民居故而有所侵占，城墙、城门等建筑年久失修后便也自然损毁，仅留下的一段城墙遗迹则如第二章中所示。

除了这类关于城的记忆之外，在直波村民的历史记忆中，还有着重要影响力的历史事件便是当地罗梧楞寺的兴建。村民们提及罗梧楞寺的修建时，也都会将其与藏传佛教的圣僧毗茹札那联系到一起。村内流传，直波村的这座罗梧楞寺正是毗茹札那在嘉绒地区传教之时所修建的第一座宁玛派寺院。村民们对于这种说法表示出了极大的自豪，认为罗梧楞寺作为嘉绒藏区“最早”的宁玛派寺院是村内不可或缺的一份荣耀。但是，当被问及其历史年代具体能够早到什么时候之时，村民们便表现出并不习惯用线性历史来衡量毗茹札那这样的宗教人物的特性，只能提及“很早很早以前”。若非要回答，在村内流传相对较广的说法便会以“松赞干布那时候”这一对于藏民而言符号性的标尺为答案。

村民们回忆称，尤其是在松岗土司统治时，由于土司虔诚信奉宁玛教，因此罗梧楞寺一度香火鼎盛，寺院地界基本覆盖了今天直波村核心区域的大部分，僧众、信众众多。除了寺院建筑本体之外，周边还密布僧众的僧房。此时，松岗土司管辖范围内的“六条沟” 内的信众都需要前往该地信仰朝拜。每一次朝拜的时间不一，有些信众念经时间如果比较久，便开始在寺院旁边建起民房，长久以后，这便逐渐形成直波村最初的村落规模。因此，也有村民提到，今天我们在直波村仍然能最常听见的那几户房名 ，均来自直波周围的其他村的地名，应代表了该房的祖辈便是来自该地，长久在直波定居之后便将故乡的地名作为在此地新房的房名。由此，这几户房名也被认为是直波村最古老的家族，他们的后人构成了今天直波村民的主要来源。

此外，在直波和松岗村民关于其历史发展的记忆中，松岗土司是无法忽略的存在。土司作为地方性最高长官，如果自己的村落能够跟他们发生关系，那么这对于村民来说也同样是一件值得荣耀的事情。在村民的记忆中，直波村确实与松岗土司官寨的几度搬迁有着密切的关系。最初，松岗土司的官寨位置在沿今梭磨河下游，约石料厂附近的山上。该官寨的具体沿用时间当地人也已无法描述清楚，只能称其是“唐朝时候便修建的”。而后，再搬迁到今天松岗碉楼所在的、有照片资料记录的位置，并在这里发展壮大，同时延续时间也最长。也正是在这一时期，直波村开始作为松岗土司的寺院中心和兵寨而存在。但是，当松岗土司发展到末期时，出现了几次政治中心的转移。在当地能听到以下两种说法。

说法一：在松岗官寨曾经的一次失火被烧期间，松岗土司流离失所，曾搬到直波村的罗梧楞寺周围来居住，直至中华人民共和国成立前。

说法二：在土司统治晚期，曾经有一任土司死后无嗣，因此由其妻子也就是“土妇”代为执政。随后，再从理县土司处选择了一位男子与其联姻，男子入赘到松岗。但男子入赘之后，与原有的土妇不合，因此，虽然名为新任土司，但是男子选择不居住在松岗土司处，而前往直波居住。

上述说法的真假可以存疑。但是这些说法都共同构成了当地村民所提及的“直波村曾经作为松岗土司的官寨住宅”“直波相当于是土司的一个行宫”“村内有土司官寨的遗存”等说法的依据。

此外，有直波村民还曾补充提到，等到松岗土司入住时，直波村内已然是“半庙半村”的状态。因此，可以据此推论，这种说法所描述的已是罗梧楞寺繁盛并吸引了来自各地的信众在此建房定居后的情况。

至于“半庙半村”的状态与“直波城”的说法，在历史上究竟是一种相继关系，还是在当时的土司制度中便事实上允许这两种功能并存，已难考证。

4.2 土司与外来者

上述的种种“说法”紧密围绕着直波村的起源、功能和性质；此外，直波村民关于历史的记忆一直高度与土司时代的统治和生活混杂在一起。时至今天，位于松岗天街的官寨现存遗迹对于村民而言依然是一个重要的表征物，时刻提醒着直波村民土司历史的存在。村民们还能够记得，实际上只有土司的家人和官员才能住到土司官寨中。这份曾经的身份差异，使得村民现在对待即便已经成为一种废墟的官寨仍然有着不一样的态度。部分村民表示，村民们虽然在日常生活中也常借用坍塌的旧建筑物的建材来用于自己新居的营建，但是官寨即便破败，村民们依然不愿意直接将官寨倒塌下来的建材用于自家的房屋。当被问及原因之时，村民们便会提到这层身份差异，身份不可轻易僭越，否则会给自己的家中带来不幸。类似的逻辑还体现在，村民们基本都提及，官寨门口曾有琼鸟雕刻，这是一种地方性身份的象征。可是当被问及为何现在村内的各家生活中几乎不见任何琼鸟图案时，村民们依然会归因于这层身份原因。当然，这种对身份的恪守遇到自身生活极其贫困的境况，依然还是会被打破。在饥荒年代，村民们也还是会有盗掘官寨遗迹乃至旁边的白塔以维持生计的行为。

土司的统治在很大程度上影响了今天包括直波村民在内的附近村民的生活模式。例如，在宗教信仰的问题上，虽然松岗土司官寨已经破败，但是村民们仍会记得，官寨外曾有一圈转经筒、白塔。再连同罗梧楞寺的兴盛，这些证据都说明当时的土司统治已经具备了高度的宗教色彩。而作为土司管辖的子民，百姓的宗教信仰也是需要与土司一致的。这也意味着今天直波村民的信仰至少是自土司时代以来便已习得的。其次，虽然有严格的身份等级差异，但是土司也会在“青草节”这样的重要地方节庆的时候与民同乐，土司、头人和平民背上帐篷一起在草地上过节，具体活动包括赛马、跳舞等，这个节日延续到今天便成了“看花节”。再如，嘉绒等地的村民一直擅长歌舞，尤以锅庄舞最为著名。在村民的回忆中，这同样也是至少从松岗土司时期便开始兴起的传统。土司在特定的时节会举办专门的舞蹈比赛。而具体哪些人家能够给土司跳舞也是有专门化的分工的，这些人家流传到今天也就成了今天村内最擅长跳舞的家庭。

当然，尽管如上文所说，土司与村民的关系也会时而有所亲近，但是整体而言，土司制度依然是一种高度的集权模式。

例如，司法权力高度集中在土司本人。村民回忆道，土司统治期间常实行酷刑，普通人因此很畏惧违规。而当时一旦出现纠纷，具体判断谁是过错方的主要方式用当地的话说叫作“说口水”。换言之，即有争执的双方各自叫上自己的朋友，大家坐下来，一边喝酒，一边辩论，土司就是裁判，“说不下来，说上几天几夜，都可以”。

再如，土司的权力还体现在其对土地的掌控力之上。当地流传，曾经有一户谭（音）家，因为替土司做翻译，深得宠幸，所以被土司赏赐了一整片山。村民们说，当地山多，因此土司可以相对随意地以山为单位赏赐给自己喜欢或者认为有功勋的人。拿到山之后，能开荒的地方被拿去开荒，不能开荒的地方也可以砍伐树木，作为日常生活重要的燃料。这相较于普通百姓而言要便利得多。普通百姓需要燃料时也可以到山上去砍，但是所砍伐的地点从土司时期开始便已经划定到户，各户必须恪守已有的地域，否则会被土司制裁。相较之下，农田性质的土地由于存量较少，一般很少被土司用来赏赐，而是直接划拨给头人，头人再来分区管理。

土司对地方的治理权力是综合性的。例如，在村民的记忆中，今天的松岗、直波一带自松岗土司时期便处于茶马古道的途经之处。古道在松岗、直波境内的一段今已基本不见痕迹，但村民们还能保有对其大致走向的记忆。在村民的回忆中，古道基本延松岗官寨所在的山上向北延伸至壤塘，再沿莫斯都沟向南延伸至理县。这构成了“旧社会”最主要的一条交通要道，而松岗土司直接控制了这条古道的交通权。古道主要贩卖运输马、茶、盐，商户骑马路过松岗土司官寨时，征得土司同意，可在今天天街所在的位置设摊经营。这也构成了当时松岗、直波等地居民的重要商品交易场所，客源甚至可以远至白湾、脚木脚等地。村民们还提到，当要对外运货时，商户一般会选择冬季出发。原因在于，冬季多雪，雪落到货物之上抖落即可；而夏季多雨，雨水反而容易打湿货物。土司作为这条交通线实际的控制者，并不占有这些商货，但是如果外来商户来此地经营，都需要先到土司处拜会并献上礼物。就当时而言，信誉极其重要，只要土司承诺予以方便，则基本可以实现。正如上文已提到的，土司当时对于治下的管理主要依靠军事力量和占有土地。而凡是耕种土司治下的土地，则均需要向土司上缴一定的税赋。因此，若不想受此束缚，村民也可借茶马古道之便从事商贾。根据村民的记忆，如果按人的脚力，沿此古道进入汉地至少需要6–7天；如果有牲口，由于牲口到了晚上需要被放养吃草，行程反而会更慢，走完全程至少需要半个月左右。在中华人民共和国成立之后，尤其是随着317国道的修建，这条线路已经逐渐被废弃。

上述村民对于土司的记忆可引出的问题其实在于：首先，这在提醒着我们，“旧社会”的边地村落其实并没有我们想象那般的封闭，它还是一直依托着特定的交通线与“外界”保持着联系，并不是现代意义上的孤岛 。其次，随着这种以经济为初衷的流动，必然伴随着当地对“流民”的管理和土地的重新分配，由此也逐渐形成了“我村”和“彼村”的认同区别。

正如上文所提到的，如果按照历史时间线来梳理，松岗土司治下的土地原本应当均属于土司所有，今天直波村的土地范围内所生活的村民有很大可能是早年前往罗梧楞寺的信众或者“保安”们的后代。但是，在今天的直波村民的心目中，对于这段历史却存在着另外一种梳理逻辑。由于在原松岗土司官寨的就近范围内，今天主要生活的是两个行政村/镇的居民，一个是直波村，一个是松岗镇。松岗镇和直波村的居民在彼我区分上有一个最为明显的标志，那便是直波村的人大部分为藏人，而松岗镇的人为汉人。而实际上无论是直波人还是松岗人，对于松岗人是后来的外来商贾流民的后代的说法都已经颇为熟悉。因此，如此一推论，对当地人尤其是对于直波村民而言，便有着强烈的松岗人“抢”了直波人的土地的意识。

这种“抢”所对应的其实仍然是土司对土地所拥有的再分配的权力。在前文已述的不断有商贾进入今松岗天街、土司官寨附近设摊摆店的故事中，当地村民回忆称，此时所来的商贾有大部分便是今天的松岗人的前辈。这种行为事实上得到了土司的允许乃至支持，这些外来商贾也得以居住在天街附近和土司官寨所在的山上，该地也便成为松岗人在当地最早的一个聚居地。如此一来，据村民们回忆，当时所形成的格局实际上是今天的松岗人的前辈主要散布在松岗、直波一带的各座山上，直波人的前辈则占据了山间谷地的良好地段。在直波村民口中流传，至少是距今50余年以前，两村的负责人就土地的问题进行了一次协商，最后形成了今天可见的松岗镇与直波村的格局，即松岗和直波不再以山上与谷间为界，而是改以梭磨河为界，分居南北。至于这次换地具体是何时、依据怎样的原则来划分的，两村村民实际上都很难表述清楚。这次换地是否与1949年之后的土地改革直接相关，甚至这次换地是否真实发生过，我们都已经很难考证。只不过，在有了这样的历史叙事作为基础之后，在今天的直波村民的表述中，就仍会常出现“我们家以前是住在那边的，现在被松岗人拿去了”等说法。同时，民族身份的区隔以及松岗人事实上的外来特性，都会加重直波村民对于自我土地的一种被掠夺感。对于他们而言，土司的分配、曾经的协商是否公平公正都并不重要，松岗人如今生活在了直波人曾经生活过的地段这一事实才更显重要。

当然，关于松岗人的来源在村内其实还存在另外一种说法。正如前文所提到的，“乾隆打金川”是当地村民重要的历史记忆之一。在当地村民的说法中，直波村一侧的山上至今还能看到一层一层的梯田，这便是当年清政府时期屯田的痕迹。当时，河坝等地理位置优越的地带已经被当地人开垦，所以清兵只能在山上开垦荒山，借此来基本解决马粮等问题，而清兵吃的食物一般从外地运输进来。这些屯兵中有部分与当地人联姻，在撤兵的时候便没有离开，这些人也是今天松岗人前辈的重要来源。

4.3 小结

综上所述，关于直波与松岗一带的历史事实，我们实际上仍有诸多尚不甚清楚之处。相信随着近年来关于地方土司制度的研究以及一批藏文档案的翻译，对这个问题我们能够找到更清晰的答案。对于本书这样的遗产研究而言，如我们上文所做的工作那样引入村民的历史记忆，不仅是为历史的考证提供更多的材料，更为重要的是，在这个过程中我们能够发现，无论是在对自己所在地域的历史进行追溯时，还是在与土司身份进行对照时，尤其是随着松岗这样的“外来者”的加入，直波村民在这样看起来“杂乱”的历史叙事中也逐步完成了对于何为“本村”、自我在“本村”中所处的位置的身份建构工作，这也构成了他们在处理自我与诸多遗产对象的关系时一个颇具优先级的考虑因素。

第五章

在整体社会中理解建筑与非遗

第四章的讨论围绕着在地社区对村落历史的记忆；这实际上也已经为我们接下来的讨论做了铺垫，即：在有了更为丰富的关于村落历史记忆的基础上，村民们会如何去理解那些被我们通常看作是“遗产”的对象。为此，我们需要先复述并确认一下我们所讨论的“遗产”包含了哪些内容。按照当代遗产研究中的切分，尤其是1972年《世界遗产公约》所形成的惯例，所谓的“遗产”往往可以被分为自然与文化两部分；而在“文化遗产”范畴内，又有“物质”与“非物质”之分。根据我国《文物保护法》中的提法，“物质”或可进一步细分为“可移动”与“不可移动”，而通常来说，遗产研究更倾向于关注“不可移动”的建筑、遗址等类型。在此基础上，根据2003年《保护非物质文化遗产公约》中的切分，“非物质”主要体现为各类传说、表演传统（包括歌舞）、节日或传统手工艺等。因此，本章的讨论也将集中在一个更为整体性的村落社会中，在地社区会如何与遗产对象开展互动。

5.1 建筑的意义：碉楼、寺院与民居

如果我们回顾官方对直波村的遗产问题的诸多表述，将不难发现，在有关直波村的官方文件中可以被视为物质遗产的对象主要便围绕着碉楼、罗梧楞寺（旧址）与民居。因此，我们下文的讨论也围绕着它们三者而展开。

5.1.1 碉楼的历史性与神圣性

关于直波村碉楼的部分具体情况，我们在前述的章节中已有交代。在官方的遗产话语体系内，碉楼的遗产价值离不开其背后的历史性，这具体包括了碉楼在历史时间上的久远以及工艺技术在整个社会历史过程中的独特地位。与此同时，从我在直波村调查期间所能看到的现象来说，直波碉楼身上常年绑着代表藏民祈福心愿的经幡，因此，也似乎寓示着碉楼身上具备了某

种神圣性。那么，事实是否如此？直波村民又会如何诠释碉楼的价值呢？这还需要我们进行更为仔细的观察。

对于直波村民来说，碉楼的起源已经“说不清楚”，尤其是提到具体年代之时，只能说是“很久很久以前”。在这个过程中，由官方所释放的一系列信息会对村民理解碉楼产生重要的影响。例如，当地村民常提到，“这两座碉可以追溯到1000年以上，因为曾经有法国人来我们这儿做过检测，有过证明”。

至于碉楼的功能，当地说法甚多。并且，大多数说法受各种官方或学术研究结论的影响，或说是与土司官寨的权威性有关，或说是当地指示道路的路标之用。不过，就当地而言，流传最为广泛的一种说法，仍然是军事防御之用。尤其是随着官方将碉楼的年代定在清代，在当地村民口中也就产生了该碉楼在清王朝进攻大小金川之时曾发挥过重要作用的说法。这种军事功能性的说法，对于直波村民而言，甚至可以与上文已有提过的“直波城”的说法联系起来，认为这二者正好可以互为佐证。

此外，村民们也对碉楼的内部结构保有记忆。村内老人回忆，碉楼内原有约19层，环梯向上，至少到20世纪90年代还可以攀登。但是，这些楼梯已经年久失修，尤其是在汶川地震之后，更是无法再攀登。这些说法进一步旁证了碉楼内部确实还有大量可容人们进入的空间。因此，村民也常有流传，这座碉楼在乾隆攻打大小金川战役时，曾经使用过，并且碉楼的地下甚至有一个地下城，可用于大规模避难。地下城内有地道，可连接两座碉楼和莫脚河，便于百姓互通和生存。再加上该地曾被流传为“直波城”，在村民眼中这都属于一类防御设施，更加深了彼此的可信度。

有趣的是，这样类似的说法在当地其实并不只在直波碉楼一处可见。根据《东方金字塔》书中的记载，与直波碉楼一河相隔的松岗碉楼在当地也有此说法，下有暗道，可与七里沟相通，碉楼内人员在战争期间可以前往沟内取水（多尔吉等，2011）。这样的说法究竟代表了一种当地碉楼的普遍性设计理念，还是一种记忆与传说的相互传播和自我复刻的过程，有待进一步考证。就直波碉楼而言，相传这种说法曾在20世纪90年代期间得到当地的一位地方官员的重视，进行过考古发掘，试图寻找这条地道，但最终不了了之。这也成为地方文物部门口中的一个“笑柄”，从而对这种说法不再采纳。但与此同时，这种说法依然构成了直波村民关于碉楼的文化认同中的一部分，并常被诠释为碉楼构思巧妙的一种体现而广为传颂。

这种构造巧思还有另一例证。曾有一户村民家住在北碉附近，在家中修建地基时，挖到了北碉的基脚。他能亲自证明北碉的高度至少比今天目之所及的地平面以下“还能延伸20余米”，墙体能达一人厚，垒砌类似于八卦式的形制规整。随着这段故事的流传，村民们也便更能认可碉楼的伟大。再加上，随着汶川地震对当地的影响，碉楼却依然屹立不倒，这也加深了村民对于碉楼的认同和自豪感。

当然，这种认同和自豪感在村内还有很个体化的表达。南碉的旁边世代生活着一户村民。该村民常说，南碉叫作“ropu”，这与自家的房名是一致的，这正说明了自己的先祖或许便是南碉的建造者之一。这种将碉楼名称理解为修碉者房名的现象实际上不仅在直波村一地可见（多尔吉等，2011）。尽管这种提法仍值得进一步考证，但是无论如何，对于“ropu”家而言，其世代在南碉旁边生活便有了一层替先祖守护碉楼的意义。

上述讨论仍集中在碉楼的历史价值层面，而至于其神圣性寓意，最容易引人联想的无外乎北碉上所悬挂的在藏地代表神圣与祈愿意义的经幡。那么，是否据此便可简单地将碉楼理解为一种神圣崇拜对象呢?

村内关于碉楼的起源，确实也存在着与“神”有关的传说。当地传说中，南北碉楼是由天上来的两兄弟共同建造的。位置更高的北碉是哥哥所建，是按照“从天上掉下来”的样子所建，因此整体造型更方更低矮；位置更低的南碉则是弟弟所建，为了赶上哥哥，是按照“从地里长起来”的样子所建，因此整体造型更高挑更竖直。

但即便有了这样的传说，也与挂经幡其实并没有直接的关系。挂经幡是藏地常见的习俗，也早已是构成藏族身份认同的一个重要组成部分，在直波村民的解释中，这代表了一种广泛意义上的保佑、祈福和平安。而就直波村的村落现状而言，挂经幡其实并不仅限于碉楼一处，关于其具体位置和分布在下一章论述村内的神圣性与世俗生活时将进一步展开。简单来说，这些挂经幡的场所实际上都需要满足一个共同的基本条件，即“干净的地方”。直波的南碉和北碉相比，在当地村民的表述中，北碉便比南碉更为干净。这与北碉位于山坡，远离世俗生活的打扰，而南碉却位于村口，常年人来人往，且与村民的日常生活空间高度重合等因素有关。此外，在此因素的基础上，北碉要成为村民的一个可以挂经幡的场所，还需要具备另一个必要条件，即需要当地的出家人来为其开光。只有经历过念经开光，该地才能正式悬挂经幡。

北碉所在的位置对于直波村而言在事实上构成了一个密集的神圣中心地带。如果我们以挂上经幡作为一种简单的标志的话，那么，北碉以南是罗梧楞寺的旧址和黑金刚石，北碉以北是村内最为集中的一片集体墓地和供奉山神的塔子，这些地点均是经幡密布的。关于这些地点在村内的具体含义，我们在后续的章节中会进一步展开。按照村民们的解释，这种密集性的形成也不是必然的，每一个地点的神圣性都是单独赋予的，并不存在彼此互相成就的关系。尤其是罗梧楞寺的旧址和集体墓地，前者历来便存在于此，后者作为村内近郊最符合功能需求的用地，这二者的位置在村民们看来有了先天给定的色彩，村民们也难以说清究竟谁早谁晚。那么在这样的情况下，在空间上恰位于这二者中间的碉楼也一并被赋予神圣色彩，便也显得更为“顺便”了。

当然，在这套逻辑中，碉楼的历史性也扮演了重要的角色。在村民们看来，碉楼的历史悠久也成为其可以被赋予神圣意义的资格和条件之一。只不过，这种历史性的重要程度是否强大到成为一种充要的资格和条件呢？答案恐怕仍然是否定的。别忘了，在村民眼中同样历史悠久的南碉便没有被挂上经幡（当然，这并不意味着村民们便不会单纯因为南碉的历史悠久而崇拜它），历史并不悠久的塔子和玛尼堆也可以被绑上经幡。

综上所述，碉楼的历史性和神圣性在直波这个案例中并不完全互为因果，但从另一个角度来说，这二者结合在一起又都共同加深了村民对遗产对象的认同度。村民们并不在意在这样一个遗产对象上去区分其历史性和神圣性，对于他们来说，碉楼均是他们村内"了不起的成就"、重要的表征符号。

5.1.2 旧址与新寺

除了碉楼以外，在官方的遗产名录中常被提及的另一处"遗产"便是罗梧楞寺的旧址。旧址位于今天的北碉以南，黑金刚石以东。而在旧址的更南，今天村落空间的中心地带，则是一座大约在20世纪80年代修建的寺院，同样也被当地村民称为罗梧楞寺。近年来在宗教局登记时，罗梧楞寺又被称为"何文寺"。据村民称，之所以这么叫，源于村内的一个会计觉得这个名字好听。"何文"二字藏语原音是"koba"，意为"河边的寺院"。对于直波村民而言，依然是罗梧楞寺这一名字更具广泛的认同度。而本书为了区分旧址和新寺，并便于表述，遵照村内人的习惯，从下文起将其分别称为"老寺院"与"新寺院"。

在直波当地的文史资料中，一直无意区分新老寺院之别，只是在反复强调，罗梧楞寺是藏地圣僧毗若赞那流放至嘉绒地区时修建的第一座宁玛派寺院。说明牌中表达了其性质：

"该寺据《大藏经》第47年记载，吐蕃赤松德赞时期（唐高宗年间）著名的佛学家大译师毗若赞那流放于安多、嘉绒一带时，在松岗土司始祖盘热的支持下共同修建而成的第一座红教（宁玛派）寺院，并命名为'图旦桑啊曲波罗梧郎'，意为'曲波弘法聚宝洲'之意。"

关于毗若赞那的流放以及与该寺院的关系，《嘉绒地区历史》援引《毗卢遮那传——毗卢大面具》和《嘉绒藏族历史明镜》中的记载提道：由于天竺贤能与吐蕃恶臣的离间，原本深受赞普赤松德赞信任的毗若赞那被迫流放，他最先来到嘉绒的察瓦绒地区，受到当地的土王多协纳波信任，从而开始在嘉绒地区传教，传教过程中首先建立起来的便是罗梧楞寺。该名称实际又有含义为"直波佛法密乘宝贝寺"（阿坝州藏族历史文化古籍研究协会，2017）。

在直波村传统村落的保护与发展规划中，关于罗梧楞寺的提法主要体现在以下几个方面：其一，将其看作是村落建筑格局的中心，以其为核心"逐次布局"；其二，关于寺院历史，提到其曾在20世纪60年代期间关闭，此后寺院内应住有老百姓，直到寺院1985年重新开放，老百姓搬出，从而也进一步形成了今天的直波村的人口规模和聚落形态；其三，继续肯定该寺为毗若赞那修建，并将具体修建的时间锁定在公元8世纪，即赤松德赞时代，同时提到清代土司苍旺尔甲时代对寺院再次维修扩建，包括新修两层小庙，以供奉怙主玛哈嘎拉。

直波村民对待新老寺院的历史的态度，与上述碉楼的情况相类似。村民们会盛赞罗梧楞寺的历史久远，并由此形成自身的自豪感和认同感，但是对具体的历史细节并不在意。而在他们的记忆当中，或同样受到上述官方版本的影响，最核心的记忆点在于两个方面，其一是毗若赞那与寺院起源的关系，其二则是近代以来村民们亲身经历过的寺院兴衰的历史。

对于普通村民而言，毗若赞那也并不是一个陌生的名字，他所代表的宁玛派的历史悠久性在村内早已广为流传。但是关于他的具体事迹，村民中的出家人与普通村民相较，所知道的详细程度仍然是有明显差别的。

出家人会提到，大约1200年前，毗若赞那曾奉松赞干布命令前往天竺取经，取经完成之后受到"坏人"迫害，因此带着经书流落到嘉绒地区，随后便在这里建立了罗梧楞寺。此后，毗若赞那的亲传弟子直波东丹（音）等同样在佛法上造诣颇深的大德一直在当地修行，从而进一步巩固了该寺的地位。并且从此开始，罗梧楞寺在宗派上便一直属于宁玛派的密宗寺院[①]。再往后，罗梧楞寺的具体流变在出家人的记忆当中也不再清晰。有人曾提到，随着土司统治该地之后，寺院受土司控制。因此，随着土司信仰的改变，罗梧楞寺也数度改派，例如曾变成过格鲁派和本教，但最后又稳定为宁玛派。但是，关于这个变动的过程，缺乏更为详细的文献和传说来加以佐证。至少目前来看，今天的直波村已整体信仰宁玛派，几乎不见其他派别的影响力，可见宁玛派在村内的整体影响力应仍是长期占据主要地位的。

虽然一方面有着如此悠久的历史，但是另一方面，直波村民们也常会自我念叨，相较于青海、西藏乃至嘉绒地区其他宗教氛围更为浓厚的地区而言，今天直波村的这座罗梧楞寺和尚数量稀少、佛法活动不兴盛了。罗梧楞寺是本村唯一的寺院，而隶属于该寺院的最高级别的僧侣仅为一名"kanbo"（藏语音），按照当地村民的解释，即为"博士"。而这位"kanbo"本人又常年不在村内活动，仅大型法会时才会回村。余下的出家人，对于寺院或本宗派的历史考证并无研究，他们的日常工作仍然集中在仪式性的活动之上。

除了上述寺院的起源问题以外，直波村民对于罗梧楞寺历史的记忆便主要集中在近50年来的兴衰之上。在村民们的记忆中，20世纪60年代，该地寺院宗教活动也曾一度暂停；当时，部分寺院建筑曾经被用作村内的学校，直到20世纪80年代以后直波村内另外择地建立新学校，这项功能才正式废弃。在这之后，村民通过"买"的形式将土地逐渐私有化，并进一步将原有建筑拆毁，修建成为自家的民房。

① 根据当地出家人解释，藏传佛教的密宗主要以修行为主；与之相对的，显宗则以理论学习为主。

而新寺院的修建一直未能找到更为确切的时间记录。从村民们的成长记忆来推断，应同样不会晚于 20世纪80年代末。在有了新寺院之后，村内的宗教活动也便集中到新寺院之上。与汉地部分地区的信仰习惯相类似，对于直波村民而言，修建寺院也是一件积德行善的大事。因此，当新寺院房顶的砖瓦需要替换之时，虽然所需的经费不用专门向村民集资，主要由镇上管宗教事务的专门机构、村委会以及有一定经济实力的高僧来协调出资，但村民们可以心甘情愿地捐赠，若经济能力不济，也会在人力上出工，从而实现功德的累积。

由此一来，今日的直波村内便形成了新老寺院并立的局面。

不过，在大多数直波村民的认知中，直波村内还是只有一个寺院。新老寺院都是罗梧楞寺。在村内走访之时，我发现，“何文寺”“罗梧楞寺”等名称与新老寺院之间的对应关系仍然是混乱的。

当然，有了新老寺院之后，二者还是会有不同的分工。按照今天直波村内的宗教习惯，村内凡是有供奉集中性的神像或圣物的地方，都需要专人每日点灯。因此，每日都有专门的出家人前往新老寺院分别点灯。同时，按照村内的规定，也需要每日至少有一名出家人前往寺院念经，通常需要念足6个小时。关于这类寺院活动，我们会在后续的章节中论述得更为详细。值得提及的是，出家人是去老寺院还是新寺院念经，可以由其自行选择。村内有一名年岁最高的老僧人，他更偏爱去老寺院念经。在他的认知中存在着老寺院的历史更为悠久，念经也更为灵验的偏好。而对于普通村民而言，煨桑等日常信仰性行为，在新老寺院都需要进行。转经则是因为只有新寺院有转经筒，所以只在新寺院进行。对于他们而言，总体来说并不存在老寺院的历史更为悠久，从而更具神圣性或灵验性的推论。当然，村民们对于老寺院还是更加怀有崇敬之心，村内也有说法，“神都还在老寺院里面”。值得注意的是，这种说法主要根据是，在村民们看来老寺院内的神像没有移动过。这也说明，神灵的这种依附性其实主要体现在寺院内的神像上，而不是因为直接考虑到建筑的历史性。虽然有此崇敬心，但是从可行性的角度，等到了更为大型的集体性宗教活动之时，村民们也没有更多的选择，毕竟只有新寺院前方的广场更为宽敞，因此便毫无争议地在新寺院进行。

老寺院虽然在近年来的文物普查工作中被定为文物点，但它的身份一直是多重的。文物部门将其作为建筑遗产来看待，尤其看重寺院的建筑格局的稳定与壁画的保护。但是，修缮方案必须同样得到地方宗教部门和村内出家人的认可。毕竟，寺院这样的建筑在村民的认同度中，宗教性依然是大于其遗产性的。当地的宗教管理部门曾经也试图维修这座老寺院，但其更从积攒功德与寺院功能的完好与恢宏等角度来考虑，这与文物部门所遵循的修缮原则有着明显的不同。只不过，在直波村的案例中，这种不同部门和不同建筑性质之间的冲突并不明显。原因在于，宗教部门在资金上有所不足，而文物部门的修缮又能够满足宗教部门和村民们所共同追求的在建筑稳定上的需求，新寺院又替老寺院分担了不少的宗教性功能，因此，如今老寺院的修缮工作基本交由文物部门主导。文物部门的修缮方案截至我展开田野调查之时仍然处在审批过程中。

老寺院内部仍然是按照传统的宗教场所来布局。相较于新寺院的对外开放以及村内公共活动用地性质，老寺院更显神秘。老寺院内部分上、下两层。上层主要为出家人念经的地方，下层为供奉神像的大堂。大堂内部正对大门为一幅从房顶垂下的大型唐卡，在村民口中，其年代可早至几百年前。按照村内的信仰习惯，唐卡本身的画面形象平时需要用等长的帏布遮住，只到特定的时间才能揭开。唐卡正前方为供酥油灯的台座，正后方是一尊黑金刚，当地僧人称呼其为“玛哈嘎拉”[①]。周围四壁均是直接绘于墙面上的壁画，壁画形象据当地老和尚称同样是以黑金刚为主。这些神佛体系的具体功能以及场景含义对于当地村民乃至出家人而言都是极为陌生的，只能简单的被理解为，其神力可以保佑一切顺利。虽然不知具体含义，但是，村民们依然愿意将这些壁画的作者称呼为自己的祖辈，由此也能再次显示出村民对老寺院的认同度和自豪感。此外，老寺院内还存放着村民口中诸多的“老古董”。其中很大一部分为“菩萨”雕像，但现在已放置在钢板套箱内，主要目的是为了防止鼠虫啃咬。

总体来说，相较于碉楼而言，新、老寺院与直波村民当下的日常生活联系得更为紧密。老寺院身上所具备的、从建筑的角度来看的遗产价值在村民看来并不为意。对于村民而言，它的历史性与碉楼类似，只需要对应一个模糊性的悠久起源便足以证明其伟大；这种历史性可以与神圣性一起依附在同一个遗产对象上，但是彼此并不互相构成因果关系。新、老寺院对于村民而言最为核心的意义依然还是体现在其“活态”的信仰功能之上。新寺院的发展、与老寺院的并立，以及由此在村民眼中所形成的新、老寺院不分的模糊认同，均可以用这种功能意义上的平衡来加以解释。

5.1.3 民居传统的维系

在上文先后讨论了碉楼和寺院的问题之后，直波村内另一常被提及的“遗产”是当地的民居建筑。从学科亲缘度的角度来看，“传统村落”概念与政策的提出与建筑遗产领域对于民居建筑的重视更为密不可分。

从我在直波村现场调查的情况来看，在村民日常生活的过程中，村内有着不断的新建或改建的行为。但是在此过程中，村民们又能基本确保在外立面、景观风貌和内部功能分区上较为自发地沿用传统的藏式风格。在材质和建造工艺（后者往往是由前者所影响的）上，部分村民会因经济实力和便利程度的影响而选择采用现代水泥；但这种现象在直波村内仍极为少数，并

① 据此或可推断老寺院便是官方所指的扩建小庙。

且在村民们的广泛认同度上均不会视其为正宗。在内部装修上，村民们较为广泛地接受了汉地的流行风格；但是在客厅、经堂和藏式厨房三处，尤为坚持原本的藏式风格。

那么，由此便也引出了在遗产研究中我们往往最为关注的一个话题，即民居传统在这个村落之内为何能够得以维系。

究其原因，我认为，这源于从实用性、可行性和作为一种身份认同的象征性的角度来说，民居传统在直波村具备稳定的现实基础。

在学术界关于嘉绒、直波村民居建筑的既有研究中，曾对其功能实用性做出过阐释。简言之，泥土垒砌厚石的工艺适应于直波地区保暖采光的气候条件，藏式客厅、厨房、晒坝、经堂乃至仓库的功能布局也符合直波村以农业经济为主要生计、每户家庭内固定有念经活动的需求（朱荣张，2012）。这种功能实用性所涉及的各个自然环境、社会经济等方面放诸今天的直波村来说，仍是相对稳定的。换言之，传统的藏式建筑对于今日的直波村民而言仍然具备实用性。

从可行性的角度来说，如果需要建新房，按照当地的习惯，最主要的材料是泥、木材和石料。村民们常提，直波所在地区地理条件优越，尤其是当地的黄泥，黏性极强，因此村民建房大可就地取材，传统技法中不需再掺入水泥等现代黏合物，依靠此黄泥即可垒石建房。同时，直波村附近大山环绕，植被密集，山间碎石多，木材充裕，村民们长久以来采用最基本的捡拾、砍伐的方式便能满足日常需要。但是近年来，村内开始执行严格的封山育林政策，在这之后，石料、木材的开采受到了一定的限制。村民们也可从当地有资质的石料厂、木材厂来按需购买。村民们时常抱怨原材料商品化之后会加重其修房的经济负担，但是实际上，对于直波村目前的建房需求和经济能力而言，这也依然处于可承担的地步。甚至从某种程度上，我们也可以认为这种商品化做法也使得村民能够更安心将原材料筹备的部分责任分包出去，自己的精力更集中在修建层面。有些石料因其特殊性也需要去特定的石料厂购买。村民建房通常需要黑白两类石头，黑石可在当地获取，而白石便需要前往白湾购买。除了材料以外，从工具的角度来说，以直波村民居建设中的石料为例，其主要是石块和石片交替使用。石料厂并不会承担全部的石料精加工的任务，大量的工作仍然需要户主及其聘用团队在现场加工打制。这种打制的工具在当地“会修房”的村民家中均有储备。当然，从石料厂、木料厂到村民家中，运输也是一个需要解决的重要因素。对于以农业经济为主的直波村民来说，每家每户必备拖拉机，这是农业耕种、施肥的一个重要器械；而在修房的时候，这个器械也可以再次派上用场，成为原材料运输的重要工具。

在可行性上还需要解决的另一个问题便是人力。村民们说，直波村内也有专门的建筑匠人，可进一步细分为石匠、木工等不同门类。但如若遇到人手不足的情况，在今天的商品化形势下，村民也会聘用外村乃至甘孜等地精通藏式民居修建的团队来为其工作。在村民们的表述中，直波村的匠人团队也曾经一度是村内颇具就业前景的团队，团队内部也基本奉行一种学徒制度。但其不需以金钱作为学费担保，也没有严格的门派之风，其依靠的逻辑是，师傅看上了这个徒弟，能选中这个徒弟与其共同工作、共同营利，便愿意带上他，传授其技艺。值得注意的是，匠人团队所从事的工作其实主要在于堆砌、测量、修磨边角等专业技能要求更高的核心环节。从整个建筑修建的过程而言，这份工作并没有完全的封闭化，部分专业门槛并不特别高的环节可以分包给户主或户主的朋友来完成。大多数直波村男性在成长过程中都能习得与之相关的知识与技术，例如石料的开采、初准备、和泥等。因此，大多数村内的男性青壮年其实都可以参与具体的修建工作。综上，在这样的商品化互通和分工合作的基础上，直波村内时至今日虽然在匠人团队数量上已经有了大幅的衰减，但是在人力上实际并不存在很大的缺口。

除了上述实用性和可行性角度，上文我们实际上已经多次提及了，直波村民对于自己的藏民身份有着牢固的认同感。因此，在这样的背景下，选择藏式民居便成为村民眼中不言自明的道理。具体而言，这不仅体现在民居更具实用性的内部功能分区和样式之上，在非实用性的建筑装饰方面也会严格恪守藏式的传统。

直波村民在建造房屋时，大多会用白灰在建好的石房外再画一层“卍”字符、“吉祥八宝”等符号。在村民们的理解中，多习惯于将这些符号理解为与藏传佛教传统相关。按照官方常见的解释，用白灰来涂抹的做法与嘉绒藏地的代汝节传统密切相关，而代汝节则主要是为纪念英雄阿尔格东。阿尔格东在藏族传说中是杀妖除魔的大英雄，因此画白灰符号也代表召唤阿尔格东，替藏族人民抵御外来的邪魔入侵。但或由于直波村的代汝节传统本身已不存，因此这类解释在直波当地已不流行。此外，还有一类常见的符号是所谓的“日月型”，太阳在上，月牙在下，呈月牙托起太阳状。直波村的部分村民将其解释为，太阳的地位较之月亮更为神圣，因此方位上也是太阳在月亮的上面。但是实际上，上述的诸多含义和传说对于大多数直波村民来说也只能说是有所了解，但是，却并不足够流行。在访谈过程中，村民们表示，依然愿意坚持这类传统最主要的原因还是在于，这是一种藏式的做法，“藏民们都这么画”。

当然，能在建筑上画上这样的符号也取决于这一份工作本身没有太大的难度。村民们说，当地会建房屋之人基本都能完成这一项工作。

在藏式民居中还常被提及的便是其独特的门窗设计。这种设计因颜色绚丽、花纹独特而通常被官方视作一种标准化的传统做法。在村民的回忆中也曾提及，这种技艺曾经一度是由村内的出家人们所掌握的。这是否意味着该技艺在最初带有更强的宗教色彩，抑或是出家人这种身份本身在村落里就保持着知识精英的色彩，抑或是两者兼备，还值得进一步研究。而时至今日，这已成为村民大众习得的一项技艺。但是对于直波村民来说，这种传统样式的“坚守”还不仅体现在其一成不变的沿袭上，更体现为，当村民们已经发现部分与这种做法连带的工艺要求实际会为自己的建房过程造成“不便”之后，他们愿意简化那些连带的工艺要求，也要费心保留这种传统样式。按照传统做法，这种窗棂设计需要在外立面的基础上向内深陷，并采用木质材质做底。直波村民常有抱怨，这种工艺要求实际上会不便于清扫并增加造价。为此，部分村民会选择用现代建材来代替木材。但是，即便如此，直波村民也还是会在门窗处做简易的处理，使其至少在外观上整体呈现出与传统样式无太大差异的面貌。

与之类似的例子还包括，近年来，部分直波村民也开始热衷于在民居的顶楼加盖一层金顶，从而扩张自己的实际建筑使用面积。有趣的地方恰在于，加盖金顶的住户所选择的样式几乎是同样的藏式风格。

综上，如果把这一系列的样式、风格都视作一种身份传统的象征，那么，直波村的上述做法实际上也意味着：一方面，在一系列现实的影响下传统并不会一成不变，但是另一方面，在变化中仍然能够有大量的要素被保留下来。而对于直波村民而言，“坚守”那部分在他们看来更值得保留的传统的依据实际上并没有过于繁复的理性逻辑，其最核心的考虑还是在于对自身藏民身份的认同。

在上述实用性、可行性和身份认同的基础之上，直波村的民居传统能够得以维系还需要考虑一个所谓的“外界”对村内所造成的影响。

在“外界”对直波村所造成的种种影响中，从可行性的角度，例如封山育林政策所造成的影响，正如上文所说，仍处在可控的程度范围内。从实用性的角度来说，尽管在后续的章节中我们将详细看到，直波村与马尔康市区的距离并不遥远，随着公共交通的便捷以及生计模式的转变，直波村的开放性和现代化程度愈发明显，但是就目前村内的情况来看，农耕依然是村民最主要的生计方式，宗教信仰的地位也未曾动摇，由此，村民们对于民居的建筑布局和功能的需求也未有明显的变化。

而从身份认同的象征性来说，我们可以认为：一方面，诸如前文已有提及的诸多文化政策，实际上在不断强化村民对自身民族身份以及相应一系列的文化符号的认同感；另一方面，对于直波村而言，近年来发生在其周围、最为重要的现代化进程之一便是由遗产旅游所带来的系列变化。就目前来看，这一系列的遗产旅游进程仍然是以藏式风格为符号性特征的，因此，落实到建筑改造上，在这波遗产旅游浪潮中所宣扬的理念依然是，就算在建筑的功能性或内部布局上有所变化，其外部形制上也应当大体保持传统的惯例。尤其是2019年以来与直波村一江之隔的松岗天街的打造，属于地方政府近年来在松岗、直波一带改造力度最为明显的项目之一。由于直波村恰好处于该项目风貌控制的区域，2019年之后，直波村村内也开始“自上而下”地大力推行风貌工程项目。这种风貌工程的指向性很明确，除了景观层面的整洁一致之外，更主要的是要体现一种“藏族的民族特色”。这样的政策对于直波村这样原本民居传统便有较好更替的村落而言实际上起到了较强的示范作用，对于村民而言也有着强化认同的意义，其导向性与村落自身原本的传统并不违背，同时对村落本身的自然发展也不至于有过强的干涉。

实际上，随着直波村与“外界”交流的逐渐强化，村民对于现代的建筑方式并非缺乏理解，并非不具备可行性，也会心生好奇乃至仰慕之情。但是在直波村内，现代建筑方式之所以尚不能替代传统，很大程度上源于，对于直波村这样从社会结构到身份认同都相对稳定的村落而言，并不具备自发改变的动力和契机。在没有突发式的一户案例来打破这种平衡之前，这种传统的维系依然具备自发运转的能力。

当然，这种稳定是否能够长期持续下去依然有待观察。毕竟，在诸多别的遗产研究案例中，我们看到了一系列并不乐观的现象。在这些现象中，打破这种传统的维系的风险因素有时在于遗产化项目的矫枉过正，有时也在于传统匠人的缺失。而这两方面的风险因素在直波村都是存在的。当下直波村的遗产风貌改造项目大多强调建筑的符号性特征，而对村落内部的社会生活相对重视不够。事实上，传统的建筑匠人在直波村也在不断减少。随着生计模式的转型，继续做建筑学徒已经不是村民们获取经济利益的较好出路。此外，另一个风险因素还在于经济现代化和人口流动所带来的村落的空心化，以及现代社会生活模式对原本村落生活的冲击。关于这方面问题探讨，我们将在下一章正式展开。

5.2 作为“代表作”的非遗

从碉楼到寺院再到民居建筑，上文我们的讨论还是主要集中在人工建造物层面。然而，这已远不是今天的“遗产”概念内的全部含义。从第一章开始我们已经多次提到当代遗产研究对“遗产”这一概念的基本划分框架，也提到了传统村落作为一种遗产政策的突破所在，提到了阿坝地区的文化政策。在这一系列的讨论中，非遗都是不能忽略的一个重要话题。

所谓“非遗”，其全称为“非物质文化遗产”。关于其在遗产体系中的地位，学术界通常提及的便是2003年联合国教科文组织通过的《保护非物质文化遗产公约》。这份公约对非遗下了定义，并将其划分为“口头传统和表现形式”“表演艺术”“社会实践、仪式、节庆活动”“有关自然界和宇宙的知识和实践”以及“传统手工艺”等门类。在这样的分类体系基础上，联合国教科文组织还推行了建立非遗“代表作”名录的做法。所谓的“代表作”，其英文原文应是“Representative List”，“代表作”这一提法是国内一种常见的翻译。李军（2006）曾经批评过这种翻译的混淆性，它让人将其与“杰作”等提法混为一谈，从而忽略了这份名单背后所蕴含的文化多样性含义。

总体来说，在有了这样一份关于非遗的正式公约之后，一个看似更加完整的遗产体系得以建立起来，学术界对于保护对象的理解也更加全面。但是，非遗概念及这种“代表作”的做法所面临的批评远不止上述李军的讨论而已。常见的批评包括：以一套普适性的标准来评价和选择非遗，是否会存在着忽略地方性知识和不同文化间的均衡与话语权的问题；各类潜在的非遗项目甚至存在着为了进入这个官方名录而放弃其原有的地方性传统、不断向一个整齐划一的标准去证明其卓越性的倾向；所谓的“传承人”和“代表作”都成为一种官方的身份和被保护的内容，与非遗所依托的各类形态中所内在的真实性演化存在着巨大的悖论。

我们可以带着对这一系列的批评的敏感，将目光投向直波村这样一个具体的村落。在这里，我们还是可以先以官方的遗产文本中关于各类非遗的提法为切入点，再回到村落现实当中。如此一来，我们将能够看到村民们在面对各类非遗时所做出的种种调适。这些调适看似背离了一个更为权威性的阐释版本，但是却各有其在村落整体语境中的合理性。

直波村传统村落的保护与发展规划中明确出现了关于非遗“资源”的提法，具体包括“古碉文化”“锅庄”“代汝节”“看花节”“煨桑祈福”“藏历年”“嘉绒藏族婚俗”“嘉绒藏族饮食”“嘉绒民俗服饰”共9项内容，其中尤其提到“锅庄”和“藏历年”已入选省级非物质文化遗产名录。

实际上，这种分类体系本身便很值得研究，它代表了特定的话语体系内对不同文化符号的一种偏好和习惯。这种表述有时还有不同。例如，在《马尔康县志》中也有类似的描述，但主要使用了“民间文艺”和“风俗习惯”这样的概括性名称。究其内涵，具体包括了“音乐舞蹈”“文学”“戏曲”“民间工艺”“住宅”“服饰”“饮食”“婚姻”“丧葬”“礼仪”“节庆庙会”和“禁忌”等子项（四川省马尔康县地方志编撰委员会，1995）。在此基础上，再结合联合国教科文组织对非遗类型的描述，便也不难理解直波村文本中的9项内容的划分逻辑。

在这9项内容中，关于“古碉文化”的问题，实际上我们在上文讨论碉楼时便已有提及。而关于“代汝节”的问题，在直波村的现场调查中，村民们一再表示对此陌生，认为该节日在村内已经不再留有痕迹。因此，我们接下来的讨论会主要集中在剩余的7个子项之上。

5.2.1 锅庄：在正式与非正式之间

关于锅庄的问题，官方的遗产文本中强调了其历史的久远和对现代村民的影响力，突出其在现代村落生活中的存续。文本中的描述自有其合理性，但其并没有将这样一种“表演艺术”在村落语境中的意义完全还原。想要还原其意义，或许还是需要看到这样的一重村落语境自身所具备的多元性和复杂性。简言之，即便是在同一个村落范围内，在正式或非正式的场合下，村民们也可以在锅庄的问题上做出不同的反应。

总体来说，直波村民对于锅庄的确表现出极强的认同感，这与上文已有提及的其嘉绒藏族的身份是密切相关的。从某种意义上说，村民们只要认同了自身的嘉绒藏族身份，锅庄便如同上文提及的民居传统一样成为一种符号，依附在这层身份之上。村民们对于锅庄的理解，大多已经习惯接受这是一种自祖辈遗留至今的舞蹈形式，具体起源时间不详。也类似于碉楼和老寺院，锅庄舞的历史悠久成为增添村民们对其认同度的重要依据之一。锅庄舞对于今天的直波村民而言，几乎“人人都会”。即便是对于村内的年轻人而言，其在直波村这样的村落环境中成长，也能够在从小的耳濡目染中学会基本的舞步。但是，直波村民彼此之间对于锅庄舞的认知也还是有区别的。上文已经提到，土司时代开始便已经固定下来的几户更擅长跳舞的村民，他们的后代繁衍至今，也依然是村民口中村内最擅长以及最了解锅庄舞的村民。

此外，锅庄舞在村内事实上的普及，除了上述身份认同、文化氛围等因素所带来的影响之外，也与村民们尤其在一些非正式的场合也依然自发性地跳锅庄有关。此时，村民们也常倾向于对锅庄舞做出一定程度的简化。

这里所谓的非正式场合，主要指代的是一些自发性色彩更强的情况。在直波村民的认知中，什么时候需要跳锅庄舞，也并没有一个固定的规律，“高兴了就跳，过节的时候就跳”。从我的田野观察来看，跳锅庄舞的时间多发生在集体活动之时，或村民们有闲之时。虽然是非正式场合，但是跳锅庄舞时应当具备的要素通常都会有，例如，舞者需要着藏装，戴齐相应的配饰。锅庄舞本身需要配合一定的音乐来进行。在正式场合，舞者会根据歌词和音乐来做出专门的动作设计。在村民的回忆中，更早期的锅庄舞的歌词是具备对话含义的，通常是男声一段、女声一段，接续进行。但是在今天的非正式场合，已可以简化为由领舞者在无伴奏的情况下自身边跳边唱。跳舞时，一定人数的舞者围成一圈，通常会摆放酒坛、哈达、食物等物品作为圆心，围绕圆心开始顺时针旋转舞蹈。对于在当地长大的直波村民而言，即便不知道今天要跳什么样的舞蹈和曲目，到了现场之后，也可以根据领舞者的节奏迅速融入，即兴和自由的意味较强。舞者跳累了之后可以自觉脱离队伍，想跳了又可以随时加入进去。如果按照正式场合的做法，中间的酒坛会插入几根类似于吸管一般的竹竿，舞到一定阶段之后，舞者要到酒坛处吸吮几口坛中酒，再行舞动。坛中酒如果喝完了会再加，跳到尽兴为止。但是在非正式场合，村民们不一定再遵守这个程序，甚至可以不放酒坛。酒的含义在村内原本代表了节日和喜庆，直波村过去对于这个酒还甚为讲究，多是自家酿的青稞酒。但如今连吸酒的环节都已省去，具体理由主要在于，这在今天的直波村民们看来是不卫生的。如果按照传统的做法，圆心内摆放的食物应是瓜子、花生等零食以及藏粑。如若是在盛大的场合，舞蹈结束之后，食物应当分给来看跳舞的小孩。但随着当下仪式的简化，这些食物也只是作为一种象征性物品摆放于此，尤其省掉了分而食之这一步骤。

这种简化实际上更贴近于村落内的日常生活，而地方的文化政策（包括遗产化项目）则试图带动当地的锅庄重新向上文所说的正式场合的方向发展，恢复舞蹈仪式的全套流程。

所谓的正式场合，最典型的当如市州乃至更高级别的行政部门组织的舞蹈比赛或表演。这类比赛或表演活动通常以层层下分的行政地方为单位来参加。直波村民们说，由于直波、松岗的锅庄表演曾经作为代表在市级比赛中取得过名次，因此这种表演形式也颇受官方重视。具体而言，在直波当地最主要承担这项任务的组织是一个老年锅庄协会。协会如果接到了来自上级的任务，则可以为特定的对象、在指定的时间跳能力范围内特定的舞蹈。老年协会在没有接到任务的时候，也通常会在节庆、周末等有闲的时间组织舞蹈活动。但是，自发组织的舞蹈形式和面向正式场合的舞蹈形式如上文所述，在具体哪些舞蹈细节是否省略等问题上是明显不同的。协会成员已经很自然地习得了一套分场合行事的逻辑。

此外，村民们也曾提到，官方组织的锅庄舞比赛通常需要“重新创作”。原因在于，在这些比赛的过程中，舞蹈通常被要求带有一定的含义和内容，这会构成比赛评选的标准之一。对于这样的重塑，看似有悖于遗产保护对真实性的追求；但实际上，从村民们对锅庄舞的描述来看，舞蹈以及对应的唱词本身就常随时代的变化而增添相应的内容。唱词内容常涉及自身对民族传说、对身边自然、对时代发展的体会，这至少从土司统治时代开始便已如此。例如，赞颂碉楼修建的伟大、“碉楼是我们的象征”、官寨的辉煌、称赞土司等内容均是在传统的唱词中常见的。因此，可以认为这种新创的锅庄舞不再是传统的版本，但是从歌舞形式本身来说，也不必全盘否认这种新创的价值。

至于更为传统的版本，在今天的直波村已少有流传，如上文所说，仅为少数擅长者所熟知。这些唱词大多缺乏文献记载，主要依靠口传。直波村民们通常也不再知道具体的某一版歌词是什么时候的，只能说是“以前以前”就流传了下来。

除了上文提及的正式比赛或者表演之外，当村内有外宾到来、需要迎宾之时，也可堪比一类正式场合。在这种情况下，舞蹈活动的组织也同样遵循着一套自上而下的动员逻辑。此时下达指令的人物通常是村长[①]。如果遇到临时性的活动，没有必要每次都调用老年锅庄协会。村长可以直接拜托每家每户派出特定的人数参加，凑齐总人数。由于锅庄舞在直波村内具备较大程度的普遍性和认同感，响应这样的号召对于有闲的村民而言，并不是太难的事。相较而言，最大的难度无外乎在于在特定的时间穿上特定的服饰。因此，这种动员工作的难度不大。至于这种情况下舞蹈的表演性，则会根据来宾的级别和准备时间的充足与否进行调整。

5.2.2 节庆与仪式：自发的调适

直波村传统村落文本中所提到的“看花节”和“藏历年”均是非遗类型中典型的“节庆活

---

① 当地仍称村主任为村长，下文不另说明。

动”。文本中详述了其起源和在嘉绒地区的通常性做法。但就直波村的实际情况而言，在外部的刺激以及村落内部的社会关系更为自发的变化之下，其具体的开展方式已有了明显的调适。

首先需要说明的是，在直波村内实际会开展的节庆活动远不止文本中所述的内容。例如，今天的直波村民们还会过清明节、端午节、中秋节等所谓的“汉地的节日”。清明节，村民们会去给祖先上坟，端午节会吃粽子、挂艾草，中秋节吃月饼。从中可以看出，这已经是一套汉式风格日渐明显的节日体系。村民们表示，这一系列的节日在大约十年前都尚未兴起，但近年来随着与汉地的交往越加频繁，已经日趋流行。

甚至，就在我开展田野调查的过程中，当我提起“藏历年”时，村民们也会表示，“前些年还有人这么过，现在不了”；而对于“藏历年”的一个替代便是汉地的农历新年，即过春节。

这或与春节强调团聚，而村内大量的青壮年已外出务工，仅在全国统一的法定假期才能有时间回乡有关。直波村民过春节首先是各家的家庭聚会。在后续的章节中，我们会提到直波村的家庭关系遵照嘉绒藏族的习惯，姊妹兄弟之间有明确的分家节点，同时，也较少以汉地常见的家族观念来维系彼此之间的亲属关系；但是，这并不意味着分家之后的直波村民们便彼此中断了联系。尤其是在特定的时节，需要团聚之时，直波村民们也会重新按照亲疏远近的逻辑聚到一起。春节便是其中一个时节。按照过去的传统，此时的团聚主要是“打平伙”，即在一个亲属关系单元内，原本已经分家的姊妹兄弟或关系更为熟稔的同乡朋友会聚到一起，采用一种大体AA制的方式聚餐。锅庄舞在此时是一个必备的环节。如果家中有养猪的，那么春节一般还会杀“过年猪”。同时，儿童会组成一个队伍去每家每户拜年，拜年的队伍会舞狮、敲锣、打鼓，使得村民们在老远的地方就能听到队伍将至。一支队伍通常能有一二十人。听到鼓声之后，主人家便会准备接待来拜年的队伍，为拜年队伍派发红包。通常情况下，一户人面对一个队伍只需准备一个稍大的红包，具体的金额分配交由队伍自身去处理即可。整个拜年活动所需要的道具都是由村内集中购买，需要时统一拿出来使用，寺院成了寄存这些道具的主要场所。虽然村民们彼此之间都常有走动，在日常生活中与什么样的人交往多考虑生活所需，不会受村界限制，但是在这种拜年活动的时候，拜年队伍只在直波村内活动。即便直波村的居民并不完全集中，部分人家散布在较远地区，但只要是同属直波村的，也还是要来参加这项拜年活动；而即便近如与之仅一江之隔的松岗村，也不会参与到这样的拜年活动中来。

直波村民也承认过春节的传统受汉地影响更大。但是在松岗村民的眼中，直波村的这种过春节的过法还不够全套。上文已经提到，松岗人在自己的祖源上多追溯自己为汉人，因此他们过春节之时，通常要一直从除夕过到元宵节。而直波却并不如此。直波和松岗之间历来往来密切，地缘接近，但是在这样的节日活动上，却更愿意恪守自身的传统，似有强调自身的文化独立性之意。

近年来，春节在直波村的热闹程度也已经大幅减弱。上述的拜年传统已经不一定年年都有，聚餐的范围也逐渐缩减到各房自家。村民们也仍会怀念往日的热闹场景，但是，随着青壮年一代社交活动范围的扩大、村落的空心化，重回往日也更似一种愁绪罢了。

在说明了春节的情况之后，值得强调的是，上述讨论并不意味着藏历便在村内不再具备意义。无论是个人，抑或是集体，村内宗教性质较强的仪式活动均是以藏历为周期运转的。这与村内的出家人群体是紧密相连的，换言之，凡是需要由出家人来推算的日子，大多数还是依据藏历。由此一来，其实也可以认为村民们在或汉或藏的时间选择上遵照着一种并列的时间观，具体如何选择更多遵照于村民们实用主义的生活逻辑。

此外，对于一些藏族文化特色更为明显的节庆来说，其推算也是主要依靠藏历。看花节便是其中一例。在今天的直波村民心中，看花节（藏语称“若木纽节”）甚至可以被看作是其一年中最为期待的节日。

这同样与村民们对自身的藏民身份认同有关。在村民们看来，看花节是整个藏族共有的传统，因此自己也理应继承。只不过，村民们同时会强调，直波所在的地方是农区，无法像草原地区那样真正在草原上聚集、赛马，因此，直波村看花节的过法主要体现为，村里人约好时间一起集体搭帐篷、集体聚餐、着藏装、跳舞、喝酒。

看花节在村内的受重视程度近年来也不断有变化。大多数青壮年村民，尚回忆称，自己儿童时会全村聚集到村内远处圣山山顶的开阔平地集体过节。此后，为了“图方便”，村民们主要集中在村外河谷处的一片集体用地过节。再后，随着这片用地被转租经营为度假湾，便转由度假湾来为村民们提供过节的场地和饮食服务。由此便也意味着，过去各家共同协作、集体操办节日的传统实际上在无意之中被更现代的服务意识给替代了。如今，过节期间的伙食已经有了统一的承包方来提供，不再有各家一人炒一道菜的气氛。同时，过节的地点距离村落越来越近，也就意味着到了下午或晚上，村民们也都可以不用再留在帐篷里面跟村内的朋友们一起过节，而能够非常便捷地回到自己家中。毕竟，自己的家里总是更“凉快”、更“方便”。甚至在村内追求气氛但又更图“省事”的逻辑之下，集体跳锅庄舞的传统也开始由村内集体花钱聘请外来的锅庄舞表演团队来替代。

过看花节的时间通常要在三天以上，长时可达一个星期以上。但是，随着村民们发现过节愈发“无聊”，统一由度假湾承包服务之后也需要考虑村内集体财政的支出问题时，过节的时间也在不断地缩短。但是，过节的起始时间有一个固定的参考，那就是所谓的整个藏族“最好的那一天”，通常在藏历六月中旬。在那一天，村民们要去自己村落附近的圣山祭拜山神。关于山神崇拜的问题，我们同样留待后续章节来展开。而这也解释了为什么在直波村民的早期回忆中，看花节的地点是在山顶草地。按照直波村的传统，必须要祭拜山神完成之后才能过看花节。在更早期的交通并不足够便捷的时代，祭拜山神和过看花节这两个环节通常是被紧密绑定在一起的。而到了现在，祭拜山神结束之后村民们可以方便地回到自己的家中，至于还要等多久再过看花节，则需要村长来另行通知。对于村委会而言，通知和组织村民过节也是体现自己对村民的一种重视、回馈和服务。

除了上述节庆之外，直波村的传统村落文本中还列举了另一个非遗项目，即“煨桑祈福”。从非遗类型的角度来看，这更接近于一种仪式。文本中多强调其在新年到来之际的祈福含义；但实际上，与节庆活动相类似，这种仪式也是在更为日常化的村落生活中有着更加自发的调适。

首先需要说明的是，在直波村，煨桑这种仪式并不仅限于春节，它所代表的祈福含义也是一种极其宽泛的“对大家好”的寓意，其应用能够广泛地从特定的宗教活动延展到个人日常生活的方方面面。煨桑的具体意义在村民们口中也很难表达清楚，但是从煨桑发生的环节来看，其大多发生在与鬼神沟通对话的环节，或带有与彼岸之灵交流的色彩。

村内较为集中的煨桑地点在新老寺院门前以及黑金刚石前。在村内，凡是日常念经或有重大宗教活动之时，都会有村民在此地煨桑。在直波村民的理解中，出家人可以进入寺庙内以念经的形式来实现与神灵的互通，普通村民便在寺庙外通过煨桑来体现其诚意。甚至对于部分更为虔诚的村民来说，可以每天都到寺庙前煨桑，这对他们来说也是增添功德的一种形式。除了特定时节以外，平时的一日中具体什么时候去煨桑相对较为随意。村民来煨桑时，若正好能配上出家人在寺院中念经，有经文为伴自是最佳；但如若不能，也无妨。此外，祭拜山神时，山上也会配有专门煨桑的“塔子”，在其仪式过程中，煨桑也是必不可少的一步。

对于个人而言，在操办婚丧大事，或有家人出行，或有子女升学之时，都可以自行煨桑。直波村民每家每年都会有一次固定的在家内经堂的念经，时间通常持续一天，此时也需要在家中自行煨桑。当然，这也意味着每户村民在自家房屋修建时会留出专门的经堂、火塘和烟囱。实际上，这种烟囱也可以是一种简易式的做法，只要有一个凿空了底部的罐子或坛子，烟从罐或坛中排出即可。简言之，只要这类仪式不间断，煨桑便不可间断。

值得注意的是关于煨桑的地点问题。如果是日常的供奉寺院神灵或集体宗教活动的煨桑，其地点一定是在寺院等集体性神圣场所进行；如果是家中念经或自家的婚丧大事，则一定不会省略在家中煨桑这一步；但如果是其余临时性的祈求、祝福等，对于普通村民来说，煨桑的地点是选择在寺院还是自家也有可调适的余地，一般是怎么方便怎么来。

煨桑的操作过程对于直波村民而言也并不困难。村民需要自行到山中砍伐柏树枝，虽然山中已经奉行了封山育林的政策，但是只是捡拾少量的树枝仍不是难事。上文已经提及煨桑与藏传佛教流行地区的功德观是密切相关的。村民们很难说清一次煨桑能积累多少功德，但是功德对于村民而言显然是越多越好。村民们会提到，如果需要为之付出更为艰辛的努力，那么功德也会更大。因此，捡拾树枝、将树枝用人力运输到特定的煨桑场所，这对于直波村民而言都是一个积攒功德的机会。煨桑时，需要先在火塘内放入柏树枝，再在上面放上糖果、藏粑或灰面，有供奉吃食之意。点火时从底部点火，不用等到树枝立刻焚烧，即关上风口，让火在火塘内自然漫过即可。由此形成的烟雾最浓，这也解释了为何这项仪式按四川方言也被称为“熖（音秋）烟烟”。

5.2.3 民俗与技艺：回归生活

直波村传统村落文本中余下的非遗“资源”还有“嘉绒藏族婚俗”“嘉绒藏族饮食”和“嘉绒民俗服饰”。按照非遗分类常见的惯例，这些通常被划分入“民俗”“技艺”一类。

在“民俗”“技艺”的问题上，如果按照一套更为科学的标准，相较于嘉绒藏族的其他地区而言，直波村的保存情况显得并不高深、繁复。对它们的理解的最好方式恐怕还是将其回归到村民的日常生活中。这些“民俗”“技艺”今天得以继续在直波村民心中保有较高的认同度，得益于它们依然深刻地嵌入村民的日常生活，与其整体的民族和文化认同意识紧密结合。

具体来说，对于直波村民而言，在今天已经习得了各式食物、菜系的做法同时，藏粑、藏式火锅依然是他们最引以为傲的家常饮食。牦牛虽然在直波当地并不广泛养殖，但是在盛大活动之时，牦牛肉依然是直波村民心中最高礼遇的大餐。青稞酒、酥油茶是村民们必备的日常饮食。部分村民仍会选择自己种青稞，但是，随着农业在村内经济比重中的整体下降，更多数的村民在需要青稞之时已经可以自由选择去市面上购买。青稞准备好之后，距离制作成酒还有诸多工序。通常，村民会集中安排自己的空闲时间在家中来自行炒青稞。此时，家中的藏式灶具的重要性便显得更大。这种灶具已是直波村民家中必备，相较于通常的现代灶具，它的添火口更大，锅面更平，受热也更为均匀。炒青稞时，村民们还会放入白瓜籽等其他杂粮，炒出来的味道更佳。一次性炒好之后，村民们会将其集中装袋，便于储存。青稞本身是七八月份收获，村民可以一次性去市面上买回两三袋，炒好之后便可以存一年之久。炒熟了之后的青稞也可以再拿回市面上去卖，但是村民们一般还是愿意留待自用。青稞炒好之后再进行推磨，磨出来便是藏粑。至于酥油茶更是村内常见的早餐，这也与直波村民多自养奶牛有关。当然，如若自家奶牛的产量不够，在现有的市场经济体系下，村民们购买这样的原料也并不困难。在制作工具方面，直波村内的每个家庭中均有着较好的保留。

至于服饰，藏装和相应的配饰依然是村民们在盛大场合必备的配置。这包括重大的集体性活动（例如跳锅庄舞、参加婚丧嫁娶活动等）或者家中有高贵的客人来访之时。对于日常来说，村民们也习惯了更为便捷舒适的T恤与牛仔裤。尽管如此，直波村民家中还是会至少保留一套较为精致的藏装和配饰，作为传家物历代传承下去。传家之后，如果年轻人觉得样式不喜欢，可以到市区找银匠对其进行翻新改造。值得注意的是，在村内同样能看到，年龄在60岁左右乃至更年长的老人，仍然是惯于在日常穿藏装的。这或许意味着这种习俗的转变同样应是近30年来才发生的，也或许是由于这批老人已经不用再日常劳作。从技艺的角度来说，这种传统藏装和配饰的制作工艺在直波村内本身并不发达。配饰主要以银器和玉石为主，部分镀金。直波村内已经没有活跃的银匠，市场经济的发展使得村内也不需要有掌握这门技术的匠人，村民们能够到不远的马尔康市区购买。不过这也反向说明了，即便是依靠商品购买的形式，他们依然愿意继续保有这样的传统在其生活中的重要性。对于直波村的老年妇人而言，大多还能掌握一定程度的编织技术，家中也常备一套织具，这曾经也作为传家物传承。但是，村内更年轻的女性则大多已对这项技术失去兴趣，并不再掌握。

最后，关于婚俗，随着人口的流动和村落的空心化，直波村内乃至附近邻村彼此之间通婚的比例正在逐渐下降。在后续的章节中我们将提到，尽管存在受教育程度、文化认同等不少门槛的限制，不少直波村民还是会回到阿坝地区来工作，但是最主要的就业和定居地点却是马尔康市区或者康定等其他旅游区，大多不会再回到直波村。自由恋爱的观点也早已深入村民心中，只不过对于父母长辈的婚介，年轻人并不完全拒绝。在结婚的问题上，已在外定居的村民会回到村内，举办一场婚礼。部分宗教信仰较为虔诚的村民，在有意向结婚之后可以前往出家人那里测算双方的生辰八字是否吻合。如果有不合之处，可以通过念经来化除。至于婚礼，一般村内有一家结婚，全村都会作为宾客参加。此时，宾客需要给主人红包以表心意。婚礼前，主人家可以邀请出家人为其念经，一直念到结婚当天为止。婚礼举办的时间也通常需要出家人来计算。当然，出家人不需要给主人家红包，相反，应是主人家给出家人报酬。出家人念经时主要会在家里的经堂，不会出现在酒席现场，大有圣俗有别的含义。念经期间，出家人的伙食由主人承担。新郎新娘忙完酒席现场之后，需要到出家人面前再接受一次祝福。按照传统的做法，在酒席现场，首先会有一坛酒放在中央，然后请一个村内辈分较高的老年人，围绕着酒，开始向各路神佛喊话，有向各路神佛敬酒的意味。一般而言，老人会先喊藏传佛教中的各路神佛，最后是周边山神。如果完全按照传统做法，这个仪式可以持续半小时到一小时。但是现在的主人家一般希望简化这个流程，因此也会提前跟老人说好，尽量缩短时间。在老人喊完各路神佛之后，再是村里的代表、父母双方来发言。在更为现代的做法中，也有家庭会直接外请婚庆公司回村来统一操办。由婚庆公司来操办的婚礼，歌舞表演是必备环节。如果是比较有实力的家庭，还会特意请来“明星”表演，这是家中有面子的体现。

综上所述，从饮食、服饰再到婚俗，我们实际上能够充分看出其并不会全然按照一套固有的模板在村内普遍的流传，也不会全然消逝。对于特定的非遗“资源”而言，其越是与村民的日常生活相贴近，村民越有权力对是否继续遵循这套传统做出自己的选择。但是总体来说，我们还是能够从中不时看到身份认同的问题所产生的甚至是凌驾于理性逻辑之上的影响。当我们看到某些传统的要素在不断变化的过程中被保留，从而进一步询问村民原因时，我们发现，越是能体现身份独特性的要素，也往往越能自发地受到村民们的重视。

5.2.4 对“代表作”的补充

综上，我们在本章本节所完成的看上去似乎是一项颇为机械的工作。我们从一份当地的遗产文本出发，看到了其中有关直波村非遗的表述；随后，我们再以之为参照，看到了文本中已述的各项非遗在村落中更具整体性的运转情况。

此外，我们还有必要做更进一步的补充。想要更好地理解整体性理念，除了要看到这些歌舞、节庆、仪式、技艺、民俗等内容在一个具体的村落范围内有着大量的多元性和多变性之外，还应当对哪些项目可以被挑选出来看作是“非遗资源”保持警惕。直波村的传统村落文本挑选了上述资源，也是因为对其做出了基于某种遗产价值框架下的特殊性、代表性或稀缺性的筛选。如果不做这种筛选，我们在一个村落范围内能够看到的“口头传统和表现形式”“表演艺术”“社会实践、仪式、节庆活动”“有关自然界和宇宙的知识和实践”以及“传统手工艺”还有更多。

例如，在仪式和信仰上，村民们会将哈达看作是一种藏族身份的象征（需要注意的是，在直波村民的解释中，它首先并不代表一种宗教含义，而是一种民族身份特性），主要表达的是洁白纯洁的含义，用于各种正式场合迎接客人、向菩萨或出家人表达谢意。在歌舞的问题上，除了上文反复提到的锅庄舞，较为年长的村民们还能记得村内曾流传有山歌、民谣、敬酒歌。例如，村民们曾提及，有些唱段是歌唱寺庙的，会在舞蹈结束时排成三列，向寺庙敬献哈达。这些歌曲实际上在村内的日常场合中已经基本不会再使用，依然具有这样的唱歌技能、甚至还能理解其中歌词含义的村民大多年近八十，他们也在村内被称为“真正嗓子好的人”。相对来说，敬酒歌流传得较好，就算是村内年轻的村民，也依然能够“唱两嗓子”。这也源于敬酒歌的使用场合并没有在村内完全消失。村民们在较为正式的集会喝酒，例如“打平伙”或者办喜事之时，都依然会保留敬酒的传统。至于山歌，则基本已成为一种表演性的活动，只有在上级有所通知的时候才会唱，日常生活中已颇为少见。在传统技艺层面，直波村内的出家人还流传着一种名为“酥油花”的手艺。而这种手艺的流传也依然是源于其在村落当下生活中的实用性，毕竟，酥油花主要是出家人在念经时必不可少的一类道具。

诸如此类，这样的补充还可以不断继续下去。但是，本书的目的并不在于要把既有文本中的“不完善”悉数寻找出来；我的工作的意义之一其实也在于提醒人们，要正视这样的一种“不完善”。在这种“不完善”的背后，一种在经过价值筛选和普适性标准表述之后的“代表性”遗产观与更具地方性的整体社会之间的差异，村民们对遗产项目的自我理解、认同、传承（抑或不传承）乃至自发的修正等问题都得以显现出来。对于当代遗产保护而言，正视这种“不完善”意味着对“代表作”的关注进而真正发展到对文化多元性的整体重视，进而去承认这种多元性在一个村落社会中事实上的嵌入式的、彼此相连的、可变动的张力。对这种张力的承认实际上也意味着，非遗保护从一种策略性上的行动向一个整体社会更进一步靠拢。

第六章

在村落中生活

在上述章节的讨论中，我们不断提到“整体社会”一词。在我看来，所谓整体，自然也是由各个“方面”相互交织而成的，而如何来切分和选择这些“方面”，则需取决于具体的研究需求。在通常的遗产研究中，实际上存在着几个常提的“方面”或“角度”，它们往往被认为与遗产的保护与发展问题关系更为紧密。这种关系可以体现在两个意义上：其一是从对遗产对象的理解和价值提炼来说，有些“方面”相互联系在一起，构成了遗产话语体系下的人、物、地点或实践得以存续的基础语境，因此，如果要真正将村落理解为一种整体性的遗产，忽略了这些方面显然是有所缺失的。其二是从保护这种行为的可行性或正当性来看，在过往的遗产研究中已经注意到这些“方面”对于最终保护的成败有着至关重要的影响。

具体来说，本书所尤为看重的主要分为以下四个“角度”：（1）组织和动员的角度。一个基层的村落社会是如何被调动起来的，有着怎样的制度和权力关系，这对于遗产研究来说，往往形成了保护实践得以施展的基础框架。（2）经济和营生的角度。生计直接影响着村民们或留或走的人生选择，而人的存续又是当代尤其是活态遗产的保护过程中尤其看重的。（3）社会生活的角度。这涉及人从个体、家庭走向一个更广泛的社会集体的过程，当代遗产研究愈发强调保护在权利层面的公共性和“全民共享”，如此一来，对一个社会关系网络的关注便更不可能被忽视了。（4）精神信仰的角度。村民们对彼岸世界和神灵的讨论是常挂在嘴边的，这是直波村这样的信仰发达地区尤为明显的一个特征，当代遗产研究时常提醒我们需要尊重乃至小心这方面的问题，但是我们是否将其与一个广阔的生活图景联合起来考虑，抑或只是将其当作一种敏感地带去对待，还有待讨论。

因此，本章也将依此逐次展开讨论。

6.1 基层的框架

对于任何一个特定的社群而言，都存在一个恒久的问题，即如何有效地组织起特定的人群以在特定的时间内完成特定的事务，以及如何在人与人之间传递一种公共性的权力。这对于遗产研究来说也是一个重要的议题。在部分遗产研究中，遗产本身便被认为是基于一种公共和集体的身份来建立起合法性，它的保护与发展事业常交由更具公共性的组织来完成。学术界对这一系列问题的认识实际上也建构起一个今天所谓的“基层”的基本框架。在本书中，我们借用此概念，所想要指代的不仅仅是自上而下建立起来的一套现代组织制度；在对直波村的讨论中，我们将看到，这套基层框架的内容远比我们想象的要更为丰富。它既包含了一套完善的官方结构，同时也包含了对更多非官方力量的包容与协调。对此问题的讨论，除了要看到我国现代基层治理体系的整体影响，也应注意到其从一个地方出发对在历史上逐步形成的各条脉络的接续。

6.1.1 接续的脉络

对于我们今天常看到的任何一个社区来说，它的基层治理的框架都不会是一成不变的，相反，其往往处在依时代所需而不断完善发展的过程中。此时，每一次的调整完善都离不开对更早期制度和既有结构的重新梳理，从而便于形成一条更为一致和自洽的脉络。

在直波村，这样的接续也常能看到。

例如，20世纪50年代以后，政府要对直波地区重新划分行政治理边界。此时，据村民们的回忆，基本上遵循了土司时代的层级划分范围，将头人们原初治下的范围算作一个村，同时参考地理位置上的相对集中原则以及村民对自身的身份认同因素作为划分的依据。等到“大队”的概念在集体公社时期正式形成之后，“大队”这一概念也成了村内开展集体活动时的主要单位。随着这一时期的结束，原则上便已不再有“队”的概念了。但是，在今天的村民口中还保留以一个“大队”来代称一个村的习惯。村民们回忆称，当时直波一带形成了一个大队、两个小队的基层组织结构，每一小队下面又进一步分组；而“原有的大队长对应今天的村长，原有的小队长对应今天的队长”。在年纪较大的村民的记忆中，对于他们而言最直接的领导便是“小队长”。从中可以看出，今天仍然行之有效的“网格管理”的理念，同样也有着更早期的脉络基础。这也在一定程度上解释了为何今天不同村的村民们虽然历来交往密切，但是对于彼此之间的边界仍然非常清晰。这不仅得益于这种管理模式在今天已经普遍渗透在村民的日常生活中，也源于其在历史过程中的不断接续和加固。

另一个对这种接续有所体现的方面便在于直波村土地制度的调整。直波村的土地问题在上文回顾其历史发展时实际上也有多次提及。在土司治下，土地归属土司，尚无所谓村民或者村落所属土地的说法，除土司个别赏赐以外。村民们回忆称，20世纪50年代以后，土地改革便开始影响到直波村，土地使用权直接根据每家每户的人口数量划分给个人。此时，政府在进行土地划分时基本参照了一种就近原则，即根据当时每家每户的实际住房所在位置来就近分配土地。到实行人民公社制度之后，土地再次回归集体所有，村民们开始集体劳作。在这个时候，虽然原则上不存在私人耕种土地的问题，但是村民们的住房和实际活动范围基本已经确立了下来。等到20世纪80年代以后，随着家庭联产承包责任制的推行，土地使用权先分到组，进一步再到户，在村民的意识中，也算是再次有了自己的土地，再次开始了自家耕种、自家所得的阶段。此时，再次划分土地仍然是先考虑远近问题，不会让各家各户的土地距离自家房屋的位置太远。由此可见，在土地使用权分配的问题上，虽然随着制度的变化而屡有重分重组，但是考虑到在空间层面上的可行性，其内在逻辑上的就近原则和与之对应的生活空间是一脉相承的。

当然，一脉相承不代表丝毫不变。村民们常提，在20世纪80年代的这一次土地使用权分配的过程中，采取了一系列更为灵活的方式。由于此时耕种已经能够自得，村民们对于土地的质量更为看重。在数量公平的基础上，谁家能够分到什么样的土地，也容易滋生矛盾。当时，村内解决问题的方法主要靠抽签。这也意味着，在抽签环节开始之前，先有一个官方出面对土地进行评价和编号的过程。

在此之后，直波及其周边村落的空间格局基本形成。再后影响较大的事件无外乎于松岗村的整体搬迁，以及由于修建变电站或将土地租借给外来的科研院所或项目团队而导致的局部性的搬迁。后文我们将进一步提到今天直波村所继续执行的土地制度，但无论如何，它都并不会背离其脉络传承。今天我们常说"安土重迁"，这个词所表达的仍然主要是一种群体的社会心态；但是从制度的角度，尤其是在涉及土地这种牵一发而动全身的制度之时，当地政府对进行大规模变迁仍然是谨慎的。

6.1.2 现行的模式

在看到了上述对历史脉络不断的接续之后，我们再将目光投向直波村现行的基层治理模式。

按照直波村委会的自我表述来说，其践行的是"四自机制"，分别是村委自选、村财自理、村务自管和村规自定。近年来，为了进一步完善该机制，直波村还推行了"村三委"制度。村民们解释称，"三委"包括"大三制""小三制"和"中间监管小组"。其中，"大三制"指的是党支部书记、村主任和会计，"小三制"包括队长、妇女主任和团支部书记。过去没有"中间监管小组"这样的设置，当时仅称"两委"。为了进一步实现基层治理的透明化，近年来新增了"中间监管小组"。该小组也正如其名，是代表村民对村集体实行监督职能，尤其是在资金和财务的问题上。在直波村，这个"中间监管小组"由三名成员构成，有权限去查验和核对村内的所有收支情况。如此一来便改变了村内的收支、重大政策过去由“村支部书记、村主任说了算”的情况，而按照现在的模式，资金的流转必须要通过该小组同意才可生效。由此一来，直波村实行的便是所谓的“一定二议三监督”制度：“一定”，指的是由“支委会或党员大会定议题”；“两议”指的是“村‘两委’联席会商定”和“村民大会（户主大会）决议”；“三监督”指的是“镇党委政府”“村务监督委员会”和“群众”监督。

其实从上述描述中基本上已经能够看出，与我国大多数基层所采取的方式相类似，在直波村，政令的传达主要通过各类开会的形式。例如，上文已有提及的“党员大会”“村民大会”“户主大会”等。对于直波村这样体量并不庞大、居住也相对集中的村落来说，动员村民参加这样的大会也并不是难事。上文已经提及，村内实际上在历史脉络的基础上切分为了两个小队，从而构成了所谓的网格化治理的基本框架。这种网格化治理的意义在动员参会这样的时刻也会突显出来，每一个小队长需要逐一负责通知和落实其所辖的每一户，以确保信息不会有所遗漏。

此外，村内的诸多决策在通过上述大会的审议之后，仍然面临进一步落地的问题。从村到队，执行和监督的任务被逐层分解，以确保在人力可行的范围内实现效果的最大化。在这个过程中，“党员”“干部”往往会发挥模范带头作用。

上述所论的主要还是村内基层治理的实现形式。从治理的内容来说，治理的核心还是在于法治。直波村上述会议所讨论的大多内容也是在整个行政框架内得到逐层法律规范所认可的内容，村内的各委员会所要完成的一份重要工作便是通常所谓的有效的“上传下达”。此外，松岗镇作为直波村的上一级行政单位，它也事实上成为村内办理相关事务工作的服务中心和信息传达中心。镇上设置有专门的便民窗口，即便不开会，村民们也可在此了解相关政策并办理手续。

现代法律和政策体系对村民生活的影响是全方位的。在这当中，尤其明显的一类便是我们通常所谓的“公共事务”。当论及“公共事务”的公共性之时，其中很重要的一点便在于，它既与每个人都休戚相关，但同时个人又往往缺乏独自处理这样的事务的能力和动力。这也是现代集体组织、国家形态具备合理性的理据之一。对于公共事务的调配在直波村能广泛看到。前文我们所提到过的封山育林政策便是其中之一的例证。再如，2016年以来在全国推行的“河长制”也影响到了直波村。这套制度简言之便是提倡省、市、县、乡各行政单位设立对应的负责人，对所属河道进行划分，从而开展对应的清污工作。

此外，在一个村落范围内，不可忽视的一类规范便是针对土地问题所做出的规范。如上文所述，村民们在历次“分地”之后，已经基本确立了自己的生活空间；但是，随着分家等社会传统的存续，选择土地另建新房对村民们来说也是常见的“头等大事”。按照我国的农村宅基地管理办法，村民们要建设房屋需建立在自家的宅基地充足的情况下。而无论是在上述管理办法中，或者是在马尔康市的地方规定里面，都明确要求了“一户只拥有一处宅基地”，具体宅基地的面积因这“一户”的人口数量而有不同的限额。因此，如果村民们在分家之后想要扩增自己的宅基地，实际上先要解决的一个问题是，使自身成为一户。村民们常提，按照现在的规定，通常是原本的一户超过6人之后才可分出新的一户。而即便成为一户之后，想要获得宅基地，还需要村民递交申请书、户口簿、原有宅基地的相关证明、本组三分之二以上村民及小组或村委会同意占用土地的意见、建设规划部门的意见、新增或扩建占用土地审批表等相关材料，并经由镇一级的便民中心提交手续、片区国土资源所现场勘察并审批，才能最终得以批复。在这个过程中，还需面临的另一个问题在于，村内是否拥有足够的、现有土地规划内允许的土地可转变为宅基地。这个问题在操作过程中通常需要由村民先去自行寻找，随后，相关的行政部门再充当审核的角色。

上述讨论大多是从“村”这个级别的更上层开始便一以贯之的法规和政策，此外，直波村基层也可以根据村内的实际情况针对具体的事务做出更为具体的设置。例如，当村委会意识到村内出现了操办红白事“标准”越来越高的风气之时，便从2016年开始在村内成立“红白理事会”，对此风气加以约束，实现“为婚丧事宜做好服务”的目的。

综上，我们基本已经能够看到一套相对完整的基层治理模式，这构成了在直波村这样一个村落社会中一系列事务得以运转起来的基础。当然，我们上文的讨论主要还是将目光集中在“官方做了什么”的角度；但是，这并不意味着这套框架内便只有官方。村民们面对这套模式时会呈现出什么样的反应，会选择如何与之互动，我们还可以延此脉络继续讨论下去。

6.1.3 反应与互动

关于村民与这套治理框架的反应和互动这一问题，首要不能忽略的一个基础便是基层选举。这种对于政治事务的参与感，构成了村民面对“集体”在日后取得的成果时也能随之产生自我成就感的前提之一。直波村的情况也并不是特例。在我国对基层民主一贯的引导之下，直波村的村主任（当地仍称“村长”）是由全村普选产生。一般来说，选举是三年一届，需要村民们到场投票，以票数多者胜出，胜出之后可以连任多届。在投票之前，候选人也会到村内各户表达意愿、寻求支持。

选举成功之后，村主任会成为村内诸多事务在事实上的代理人和组织者。关于村主任的身份及其后期履职的问题，有至少以下两个方面的问题是值得重视的。其一，村主任选举成功之后，其在政治身份上并不是一个纯粹意义上的官员。毕竟，按照我国的公务员制度，“村主任”这一职位并不在行政编制体系之内。然而，这样的身份也自有其好处，它给了村民们更强的自选和自治的参与感。其二，“熟人社会”的意义是不可忽视的。在后文我们也将提到，虽然直波村并不如同我们通常想象一般的封闭，但是，村民们在就业选择上、生活空间上都相对有限。从联姻到玩伴，村民们有大量的方式可以与彼此成为亲戚朋友。因此，从选村主任这一过程开始，能够对此产生影响的因素便不仅是村长在当时所展现出来的政治能力，同时也伴随着一个更为长期的观察和交往过程。同时，是否真正重视这套“熟人社会”的法则也会成为村主任能否在日后顺利开展工作的基石和牵绊。

再者，站在村民的角度，一套现代治理制度的确立自然也意味着村民们过往的部分行为需要受到进一步的约束。在这个过程中，对村民可持续利益的保障，以及制度权威的建立，都成为这套制度继续得到支持的重要因素。以村民们分地建房的问题为例。上文我们已经提及现在直波村所实行的一套对土地制度的规范，这相较于村民们通过自行协商，自行开荒的机制来说，显然要更为不自由和不够便利。但是，村民们能够在这样的制度的号召下维持其运转，至少有两方面的原因：一方面是看到了制度本身的权威。村内盛传，如果违规建房，新建部分将会依法遭到拆除和惩罚，村内曾经真实发生过这样的案例。而当我们试图进一步去探究具体是怎样的案例之时，村民们很难说清具体的经过。这样的故事介于事实与传闻之间，难辨真假；但是，在其广泛流传的过程中，其客观上有助于法制权威的形成，使得村民在土地、建房等问题上形成更强的自觉。另一方面，也要看到制度本身对于村民利益和传统习惯的吸纳。例如，村内因建设变电站、下游水电站蓄水等工程，也多次出现了需要村民们就近搬迁的情况。在这个过程中，相应的货币和土地赔偿均是必不可少的步骤。同时，村民们也会提到，由于分家之后另建新房是村内根深蒂固的传统，即便是存在着困难，但是村内的权威和制度本身也依然会在法制的范围内尽量为其想办法，加快具体的办事进程，至少表现出尊重传统的态度。仍然值得一提的是，“熟人社会”的法则在上述的情况中均会继续扮演重要的作用。它构成了法规政策条文落实并显现出具体效果这整个过程中的润滑剂。这也反证了村主任这样的代理人和执行者身份需要从“熟人社会”中被选举出来的合理性。因为，只有真正生长于这样一个社会内的熟人，才能真正懂得在制度的框架内去合理妥善运用这套法则。

此外，在讨论一套现代治理模式与村民们的反应与互动之时，不可忽视的一个话题便是这套制度对村落社会原有的更多自发性的组织和行为的吸纳、包容或代替。在直波村，村民们彼此之间自发互助或因共同的兴趣利益而形成非正式的社团组织的案例也常见。例如，为了应对村内可能出现的各类自然风险，村民们曾经发起过各类轮值制度。现在在村民家中还能看到当年为了抵抗泥石流等自然灾害，曾每家每户轮流到危险地带开展巡查工作的工作证。这类事务由于危险性和公共性很强，因此已由政府组织的相关部门代行。再如，在前文我们曾经提到过的直波村老年锅庄协会。协会本身带有很强的自治性色彩，可以以协会为主体集中向入会的每户会员收取一定的会费，经费除了用于组织跳舞之外，也会定期安排聚餐活动。入会的唯一门槛就是年龄必须达到所谓的“老年人”这一要求。会费只需一次缴纳便可保证终身的会籍。如果具体办活动时经费有缺，那么可能会再收取具体的费用，这在当地村民的表述中又被称为“入股”。对于直波村这样的村落社会而言，这样的入会制度不存在过于严苛的强制性，全凭自愿；但是在“熟人社会”的彼此带动之下，基本上也会无人例外，即便是对于不擅于歌舞的老人而言，也会将其视为一个基本的社交休闲平台，从而积极参与。面对这样的社会文化组织，村委会采取的态度是，允许乃至鼓励其发展。尤其是在有各个级别的官方歌舞比赛或表演之时，当地也要仰仗这样的社团组织来代表全村参赛；若是比赛获得奖励，那么所得奖金也可以留给协会自用，这也构成了协会积极响应集体号召的一个动力。当然，我们这里所讨论的“组织”或“协会”都已经是更为系统、规模和正式化了的；如果放松限制，在下文论述到社会关系、精神信仰等问题时，我们将进一步看到，村内更为自发性的集体聚会是大量存在的，诸如婚丧仪式、法会、山神信仰以及看花节时的聚会。这些聚会的社会性根基依然牢固，其组织力度不仅自发，甚至是在不自觉的过程中便已形成，多与一种所谓“传统”的影响力密切相关。在这种情况下，简单的由一套更为现代的方式来“代行”或“服务”，其实更容易出现在上文我们论及看花节时所述的困境，反而让整个活动频生抱怨、变得无聊无趣。

6.1.4 小结

在本章本节的最后，我们还是回到遗产研究的角度来审视上述基层治理的框架。正如本章开始的时候我们所指出的，如果村落整体应该被视作一类遗产，那么关于基层治理问题的上述讨论有助于我们更好地理解这样一个村落遗产被组织起来的一种方式与背景，因为正是上述的治理框架以及在这套框架内的种种反应与互动构成了将这样一个遗产凝聚起来的既有骨架。同时，它也有助于我们去反思一种更好的保护和发展方式。既往的遗产研究时常在“自上而下”或“自下而上”的权力方向上徘徊，力图在官方与非官方之间寻求平衡。而直波村的案例恰好在提示我们，实际上即便仅从治理框架这一个维度来说，便已不存在一道截然的“上”与“下”、“官”与“非官”之间的分野。现代行政科层制度的习惯在愈发靠近基层之后，事实上也将无可避免地吸纳更多自发的（诸如“熟人社会”等）传统，由此形成的治理框架本就是混杂的。在这套混杂的体系中，我们其实并不需要过于焦虑找不到更具动员性的自发根基，也并不需要担心会在一个村内完全缺失代理人等关键角色。问题的关键或许反而在于，通常带有了“外来”身份的遗产工作者是否能真正理解这套框架本身的混杂性，寻找到恰当的合作者，不将保护的过程局限在一个狭义的“公对公”的范畴内，而愿意以更长的时间使自身融入该框架之内。

6.2 经济与营生：村民的去与留

在结束了上文关于村内与基层治理相关的若干问题的讨论之后，我们再将视角转到村民们的经济生活之上。费孝通曾经关于乡土中国“离土不离乡”的讨论奠定了我们今天诸多对于中国村落生活的认识基础。这句话的意义其实也是在提醒我们，村民生活既有“离”的层面，也有“不离”的层面，它远比我们心目中的一些单一化想象要复杂得多。

对于遗产研究来说，在地社区对于遗产对象的重要性已经在不同的研究者那里得到了强调。而尤其是对于村落这样的遗产而言，此类强调往往更甚，村民能够继续停留在村中往往被看作一个村落遗产的真实性和可持续性的核心所在。但与此同时，大多数研究者也并不会忘记我们正面临的是一个村落空心化的时代。从20世纪90年代开始，我国城镇化率保持高速增长，无论是农民的离乡，还是乡土地区本身的类城市化建设，似乎都在预示着恪守绝对意义上的村落传统只能成为一种想象。在这个过程中，经济因素成为研究者们最常提及的话题之一。如此一来，在遗产领域中，我们常见的两个推论便是：为了保护遗产把村民们留在村落，认为用更现代的手段活跃村落本身的经济发展是首位的，这也为村落的进一步旅游开发奠定了正当性依据；为了保护遗产把村民们留在村落，认为保护村民的农耕传统是首位的，毕竟，这是村民们与村落土地建立起不可分的联系的最重要的经济形态之一，也是所谓的“村落遗产”的言内之意。

而就阿坝地区而言，学术界也有不同的文章讨论过包括该地区在内的四川藏族州县的经济发展情况。从这些既有的讨论来看，尤其是从城镇化的角度，一方面不应忽视四川藏族州县在历史上依靠交通、边地治理等因素所既已形成的城镇化基础，另一方面也要看到该地区在2000年以后整体城镇化（尤其是从产业结构的角度）水平有限，马尔康市的GDP在这一地区已属前列，但从四川藏族州县的整体情况来看，四川藏族州县内仍然主要是依靠特色优势（诸如交通、旅游或特色资源等）得以发展起来的一系列所谓“小镇”，而“小镇”对带动周边地区的城市化、就业转型等仍然影响力有限（蒋彬，白珍，2004；沈茂英，2010）。当然，上述研究的视角仍更多是区域宏观性的。如果我们把视角落到直波这样的一个村落中，并以此来向外观察出去，我们看到的是否还是同一番景象？这便是下文我们所要展开的内容。

在本章本节我将开始讨论直波村的经济问题。在讨论此问题时，我尤其想要强调的是，不应低估一个村落社会内经济形态自发的多元性，村落或可以被视作以农耕为核心，也可不如此；但无论如何，村落都不应被理解为仅包含着农耕这一个要素。这种自发的多元性对于村民的去与留、对于我们保护什么样的村落遗产以及怎么样保护村落遗产都将产生重要的影响。

6.2.1 作为农民与外出务工

在前文讨论到直波村民的身份认同时，我曾经提到，村民们对自身的民族身份有着很深的认同。而与此同时，即便是在同一民族边界的内部也会有着更进一步的差异性。直波村民在将自身与其他藏族做比较时，常提及“我们跟他们不一样，我们是农民”。这样一句话，实际上便开始映射出了自身对于农耕的坚守。而与此同时，直波村也与国内同期的大多数村落一样，村民大量外出务工。如此一来，这也自然意味着个人身份的转变。

上述两种职业选择看似应当是矛盾的。我们通常认为，村民们在这两者当中只能选择一种。但是，从直波村的情况来看，我们能够发现，即便是从各个个体的角度，这种留在乡土的身份认同与外出离乡的经济吸引力也常是并存乃至随时转换的。对于村落内的个体而言，如何寻找到更好的生计与自身要遵循怎样的身份认同，大可并行不悖。

首先，村民们认为自己是农民，这样的表达背后所代表的确实是直波村内根深蒂固的农业传统。早在土司时期，农耕便是当地一种主要的经济模式。从自然环境的角度来说，直波村大山环绕，仅在河谷地带有较为开阔的平地。但这并不阻碍村民们以农业为生的习惯。历年来，村民们已经摸索出，大山上可以垦荒种植更耐寒的作物，如玉米、土豆、青稞等，谷地则种植粮食作物或普通瓜果蔬菜。

今天的直波村民在种植问题上已更为灵活。种植所得在今天早已不一定是村民们最主要的收入。但是凡是村内的常住村民，每一户都会留有一片自家的土地，更接近于一种“保底”和“留根”的心态。

受气候条件的限制，直波村的粮食作物大多只能一年收成一季。但是直波村民们不会让土地在一季收成之后便开始闲置。在长期的务农经验中，他们已经学会先种一季粮食作物，再种一季蔬菜，以确保土地上能长期有收成。

收成一部分用作家用，一部分可对外售卖。所谓家用，实际上也分为两部分，一为家中人员食用，一为饲养家畜。村内现有的主要农作物包括大米、玉米、土豆、白瓜等。这些农作物不一定能全部满足村民们的日用需要，若需添置其他物资，村民们仍然需要去市场上购买。上文也已提到，直波村并没有我们想象中的封闭，距离马尔康市区并不遥远，已直通公交。公交从早晨6点半开始，大约每两个小时便会有一班。每趟车从直波村村口出发，行驶到马尔康市区的时间仅约半个小时，单程票价4元。在马尔康市区内有着更为便捷的菜市场或超市，市场经济的法则对于直波村民来说也已经颇为习惯。只不过，在这种公共交通的频率的限制之下，村民们前往马尔康市区时也通常偏好于一次集中购买大量物资。为了方便村民们买菜，还会有大篷车定时至各村门口供应各类食材。但是对于大多数直波村民而言，即便可以购买，他们还是会优先食用自家种植的蔬菜，因为在他们的理解中，“还是自家种的菜更好吃”。相较之下，村民目前的日常主食其实是以大米为主，但他们反而更愿意在市场上购买大米，这与村内大米本身收成低，不足以维系日常需求，以及近年来受农业市场价格波动的影响，村民们种植大米的积极性明显下降有关。

至于对外售卖的部分，其动机自然是增添家庭的经济收入。田地种植并不是不计成本的，种子、肥料等均是必备的开支，在此基础上，还需考虑租用小型的农耕机械的租金和请人来帮忙的人工费。为了节约成本，大量村民也会选择直接购买这些机械，尤其是拖拉机，这对于运输自家的农作物或相关农具而言显得至为关键，因此近乎每家每户必备。这便也影响到各家的民居建筑在形制上都必须要有车库，并且车库大门能够直接面向主路。请人帮忙主要发生在两种情况下：其一是农忙时节需要有人搭把手；其二是主人因事短期不在村内，例如，主人上山采虫草不在村内等情况，这样的离开短则周余，长则整月。这便也意味着，村民们自有一套经济学逻辑来计算自己离开所带来的成本与收益。上文已提到，近年来农业市场价格的波动实际上并不利于粮食作物生产。因此，“更好卖”的蔬菜、经济类作物在村内的种植比例逐渐提高。尤其是当村民们听闻，更靠近“发达地区”的理县、汶川等地已靠种植水果而有了较大的发展，这更进一步激励了直波村民，因此，樱桃、梨、苹果等水果在近两三年来已在直波普遍受到欢迎。以樱桃为例，根据直波村民们所听闻的市场价，在产地收购大约能卖至50元一斤，村民们预估，要是一棵樱桃树能产10斤，这样的收益便能完全超过传统蔬菜的收益。但是，直波村现有的种植依然没有发展成为成熟的商业模式。这或许是因为果树尚未到完全成熟收获的时候，村民们尚处于观望中。当下的直波村既没有自发成型的集体性农户组织与外部对接，也没有外部商业公司主动长期合作。在村民们的心中所形成的理念是，“等我们成规模了，自然会有商家过来集中收”。此外，对于村民来说，选择种果树的另一个逻辑也在于，当地一直流传着会被搬迁占地的说法，那么，种果树比起蔬菜、粮食而言，村民们所能得到的赔偿金额也会更多，这对于村民而言也是一笔收益。村内在引入这样的模式时，最初也是一套“带头—观望”式的逻辑。有一户先行，村民们听闻觉得有道理，便再后续跟进。

有了上述种植模式之后，并不意味着经济发展便万事俱备了。以田地为例，田地的经营还需要一套配套的管理法则。早年间为了灌溉田地，村民们会从河边修建小型水渠，引水到田地。近年来，利用自来水管接水的方式普遍流行之后，村内的部分水渠开始逐步废弃。今天的直波村田地从景观上表现得相互之间极为规整有序，村民们会在自家与别家的田地之间通过特定的记号来彼此区分，但更多的情况下，村民们对于各家的田地都能做到“心里有数”，彼此遵循这层默契行事。当然，也常有人越过界限，在别家的地上“多种一点”，这种情况下往往会引发村民之间的纠纷。此外，田地的经营也会直接影响到村民们日益习惯的一套生活作息。直波村海拔较高，入冬较早，开春较晚，因此，主要的农忙季节集中在春夏两季。而实际上夏季村内白天温度较高，尤其是面临着阳光直射，因此村民们在夏季也会尽量避开白天尤其是午后去田地，而选择在早晨、傍晚等温度较为宜人时前去农作。

上述的田地仍主要指代的是围绕着村落聚居区、在其外围展开的一片用地。此外，对于直波村民而言尤为重要的土地还在于自家住房附近的小院内的土地。民居附带院坝的设置，在我国西南地区整体来说均是常见的。院坝大多会铺设硬地，可用于村民们日常休闲活动或者堆放晾晒作物。硬地之外，凡有可以栽种的土地，村民们也均会物尽其用。在直波村，这样的土地多以种植瓜果、蔬菜等较为日常的作物为主，主要用于家庭内日常食用。由于土地面积不大，这片土地的经营往往最为集约，从时间和空间上都会保证土地能够轮替有作物，不会浪费。这片土地的产出谈不上规模化，基本不会是村民们的主要收入来源，即便是从自用的角度，也不足以完全供应村民们的一日三餐；但是，这并不意味着这片不大的土地便不重要。其更像是村民们日常生活的一种乐趣，传统生活的一种习惯，成了一种农民身份认同下每日需要“动一动”的体现。

上文的讨论主要集中在直波村的种种务农行为之上；接下来，我们再将目光投向直波村内外出务工的趋势。

之所以要外出务工，村民们的表达也很直白：“谁都想日子过得好一点，衣服穿好一点。”并且，务农本身是一种季节性的活动，尤其是在农闲时，村民们外出务工便也显得更为“划算”。在村民们的认识中，依然认为“外面”的就业机会远高于村内，这对于村内的青壮年而言尤其更具吸引力。从村民们的表述中可以得知，他们近年来常见的务工目的地也并不遥远，主要集中在省内的成都、绵阳或周边的重庆等地。此外，同属藏族范围内的康定、九寨乃至色达等地在文化认同上更利于村民们融入。这些地方的旅游业较为发达，就业机会自然更多。近年来，因马尔康市是阿坝州的州府所在，所受到的政策扶持也相对更多，马尔康市在村民们心中日益成为州内的一个相对较为富足的“市区”。因此，考虑到文化认同、政策优惠以及照顾老人孩子的距离等问题，马尔康市也是直波村民们一个主要的就业去向。但马尔康市本身谈不上是一处商业城市，仍然以政府直属的部门或事业单位为主，因此村民们去马尔康市就业实则也是去这类“部门”“机关”或“单位”工作。若是这类工作，“村民”实际上大多也已变成“市民”，会在市内买房安家，除偶尔回村探望亲人之外便不再会常住村内。

当然，并不是所有外出务工的村民在身份上都会转换得如此彻底。在直波村，还能常见的一类现象是：在村落附近、马尔康市区内也常有零工散活，村民们也可以选择这类相对比较短期的就业形式。这类村民与村落本身的联系仍然相对紧密。即便是在马尔康市区内务工，由于直波村与之距离较近，并已经开通公共交通，部分村民大可以在务工之余配合农业生产的时节特点而继续回村开展农作。

外出务工的村民，由于受教育程度的限制，仍有大部分是以出卖劳动力为主的。这类工作大多是临时性的。根据所需劳动力的多少和相应的技术含量，这类临时性的工作在村民们口中又可有“大工”和“小工”之分。“小工”通常200元左右一天，“大工”则能算到300或400元一天。如果是特别“耗身体”的体力活，甚至可以收到900元一天。这些临时性的工种为村民的短期流动提供了充足的可能性，村民们时常借助同乡或朋友的关系打听工作机会，再在考虑自身家庭情况的基础上，选择去往特定的地点务工。随着直波乃至马尔康地区建设工程的增多，诸如直波村附近的遗产风貌工程、各类基础设施建设工程、考古发掘项目、遗产旅游相关的建设或经营项目等，都为村民留在村落附近工作提供了可能性。总体来说，在村民们的口中，需要“下力气”的短期工种在人力市场的角度仍然处于供不应求的状态，村民们拥有足够的讨价还价的资本。如果某村民平日就属于常“打大工”的人，即便今日雇主请该村民来做“小工”，雇主也仍然应该要给该村民开出“大工”的工资。这种临时性的雇佣甚至还可以进一步分解到按小时来计算。至于具体采取哪种标准，可根据情况由村民和雇主现场沟通。

此外，值得一提的是，既然这些外出务工机会以出卖劳动力的工种为主，那么这也意味着在直波村外出务工者仍以男性为主，同时，也说明女性在家除了带小孩之外，也要在有需要时下地种田。

6.2.2 山林牲畜：多元的资源与生计

实际上，村民在经济意义上的身份多元性还不仅体现在上文强调的外出务工的问题上。村民们生活在村落中，与周遭的山林牲畜也在不断地发生着互动。这些互动，部分是受村落日渐“开放”之后来自外部市场经济的影响，也有部分是村内自身一种“物尽其用”思路下所自然发展并沉淀下来的。

6.2.2.1 砍伐与耕种

这首先体现在村民们对山林资源的利用之上。在当地村民的记忆中，早在20世纪50年代的时候，在当地政府的支持下，直波村最重要的经济开发模式便是伐木。村民们称，今天我们在高处远眺直波村附近的山林时，还能看到不同的山上森林茂密程度不一，这便是当时砍伐留下来的产物。村民砍伐之后，木材的重要去处便是对外售卖。而当时主要的买方集中在省内地区。当时，运输方式主要有两种：其一是通过水运，通常在乐山附近起吊；其二便是今天村民口中常提的“开大车”，即通过大型货车沿公路对外运输，村民们作为司机，收取一笔劳务费。尤其是后者，根据村民们的记忆来推断，这种运输方式至少延续到20世纪80年代后期，并构成当地村民们最为重要的就业选择之一。值得注意的是，这段经历对于直波村民而言实际上也不仅仅是一份营生的工作，还成为在那个特定的时代内村民们接触“外界”的一项重要途径，构成了他们对“外面”世界的初步认知。

村民们所描述的村内林业的发展也可以在马尔康市所保留下来的一系列经济数据中得到印证。下图给出了马尔康市在1949年之后的林业产值占全市GDP比值的情况，能够明显看出，20世纪50年代后期和80年代后期实为当地林业发展的两个小高潮。

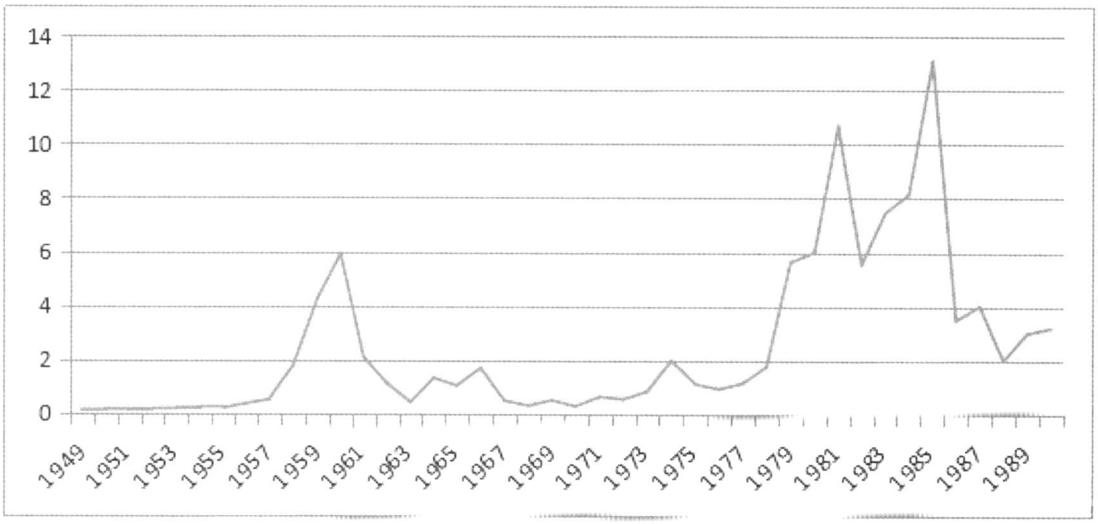

图6-1：1949年至1990年马尔康市的林业产值占比（横轴为时间，纵轴为百分比）（数据来源：《马尔康县志》）

当然，砍伐之后也并不是所有的木材都会外运。村民建房、日常烧火以及各类信仰仪式，都会使用木材。尤其是村民们在自身身份认同的影响下，多保留藏式饮食习惯，因此家中也多留有藏式厨房，而在藏式厨房中烧柴火便显得必不可少（只有依靠柴火，所得食物才符合村民们心中的“正宗”）。因此，今天的直波村内各家各户大多还能看到少量的木材堆积在院内，这便是砍伐之后所留下来的储备。

此外，上文论及村内的种植农业时也曾提到，村民们对于山地的开发也不仅限于砍伐，还包括开荒和耕种。耕种的作物在上文已述。这些作物有不少对村民的饮食和生活传统产生了重要影响。例如，青稞主要靠山种植。青稞是村民们传统饮食习惯中重要的原材料之一，并且在信仰仪式中也常使用。这样的日常生活传统也会反过来成为村民们继续种植相应作物的依据。近年来，村民们逐渐意识到山间种植的不便，加上有了更多便利性的选择，会自发放弃种植部分作物；而此时，日常生活与传统之间相互依存得越为密切的作物也便越难以被放弃。

而无论是伐木还是开荒耕种，山上的土地与上文已述的田地也类似，有着明显的界限意识。其首先对应的是村与村之间的界限。从制度意义上，根据《马尔康县志》的记载，马尔康地区自1954年以后村民进山用材砍伐便须先行登记，1957年以后开始给各公社、各队保留一定的“自留山”，1958年以后开始有了“砍伐许可证”（四川省马尔康县地方志编撰委员会，1995）。从地方政策的角度来说，当时对林地的划分大多只落实到社、队（相当于今天的村）

一层；而在每一个村内部，村民们的心中也均是有各家的界限划分的，这是从土司统治时代便遗留下来的习惯。虽然没有官方约束或明文规定，但是村民们原则上不会僭越彼此的界限。只不过，随着退耕还林等政策出台之后，林地与村民们日常发生互动的频率减缓，因此，林地彼此之间的界限在村民的日常生活中也逐渐不再如田地那般被强调。

近年来，日益严格的退耕还林和封山育林的政策对上述模式产生了颠覆性的影响。

村民们称，直波村附近的山林已经实行整片禁伐制度，原则上不再允许私自进山砍伐。若有特殊情况，需要向市里专门申办手续。由此一来，村内各家各户所堆放的储备木材已不敢随意使用，通常只供家中万一停电或家居装修调整所需。村民们也明白，这些木材一旦用完，只能进山捡拾，更新起来颇为困难。所以，在日常饮食这样的消耗上，村民们开始自发用木炭或者天然气来替代。至于上文所述的砍伐木材对外售卖的做法，在村内也便基本不复存在了。

除了禁伐之外，与之联动的还有禁止开采石料、禁止狩猎等一系列的保护性措施。在前文我们曾经提到，石料的开采只有获得许可的企业才有资格。因此，石料的使用也已大量被商品化。只不过，石料的捡拾比起木材而言还是更为容易，村民们只要自己有运输工具，便也可自取。当然，在村民们看来，这样的制度都尚还有“人情”松动的空间。最常见的可以“求情”的场合，其一便是建房，其二便是葬礼等信仰性活动。禁止狩猎之后，由此引发的一个联动效应便是山上野猪变多。如此一来，部分村民即便在山上还保有少许耕地，但是也不愿意再在山上耕作。原因在于，山上田地的经营管理本身已较为费事，再加上如今野猪猖獗但又并不能猎杀，野猪更会破坏掉他们在山上的耕地。

与禁伐、禁止开荒政策配套，官方也实施了一系列的补偿性措施。例如，不能再用木材作为燃料之后，直波村也普遍开始用电来维持村内的日常生活，为此，政府也承诺在电气的收费上予以直波村额外优惠。至于被“退耕还林”的、原本私人所使用的耕地或林地，政府也曾给予一笔补偿金，根据各家各户的实际被占面积予以赔偿。

同时，从情感和生活的意义上，退耕还林和封山育林之后也并不意味着村民们与山林之间的联结便就此中断。村民们还会记得，如今山上的植被是在20世纪80年代以来植树绿化政策影响下，自己亲自栽种而成的。当时，由政府提供树苗、村上出劳动力的集体式运动成为村民们情感记忆中的重要一环[①]；现在已经很少再以村为单位来组织这样的活动，转为由外来的单位有组织的来此义务劳动。童年时的山间玩耍打闹依然是大多数直波村民的童年记忆。从生活的角度，后文即将展开的一系列当代仍在延续的仪式活动依然需要依靠山林。其次，今天的村民

① 根据《马尔康县志》的记载，大规模的植树造林运动至少从1957年便已经开始。在结束十年动乱之后，1978年开始再次提出营造林木，到1980年为止，数据显示已栽种21万株，并在1981年后实行验收制度，1982年成立绿化委员会，1988年提倡工程造林，要求“成片造林必须在2000亩以上”。

们行走在山林路间，时常会遇到路边的蒲公英等野草，村民们依然会随手采摘，回家泡茶或者喂猪，这在村民们看来既对身体有益又同时能够降低生活成本。村民们对于山间林草的实用功能依然熟知。例如，村民们常说，时常也会有山中的蛇、蚂蟥等不速之客侵犯村民们的住地，因此，学会在山间寻找特定的药草来对付特定的病虫害也是村民们必备的技能。青艾、炉灰可以驱蛇，这在直波村也已是传统有之的说法。此外，按照当地的说法，家中如果来蛇，也是一种不吉祥的预示，要尽快驱蛇，因此，直波村也流行着每到端午节的时候在家中插上青艾的做法。值得一提的是，这样的做法与汉地颇为类似；但是，对于直波村民们而言，其并不认为这一定是从汉地习来的习惯，而将其看作当地传统有之的祖训。

6.2.2.2　山珍的市场化

在上述一系列的退耕还林、封山育林等禁令性措施之后，村民与山林之间的经济纽带并没有完全被割裂。近年来，已主要集中在了采拾虫草等山珍上。

虽然，正如上文所述，山间的林地、耕地均是有精确到户的界限意识的，但即便如此，山间也尚有诸多未划分到户的土地可能生长山珍。虽然未曾划分到户，但是这些土地在村与村之间的边界依然是清楚的。各村的村民原则上也会只在各村自己的土地上去采拾，不会逾越界限。至于村内各户之间再具体如何分配，便再无划分。原因在于，山珍的采拾行为本身带有了极强的偶然性，即便是最有经验的村民，也无法保证哪片土地上今年一定会有山珍，大多采取“各凭本事”的原则，如此一来，便很难做到公平的事先划分了。

村民们在需要上山采拾山珍时，反而不如日常耕作时有集体性。此时，各家各户基本仅以自家作为单位，自行上山。原因在于，一来，考虑到偶然性的限制，并不是所有的村民都会上山；二来，山上的山珍不像农田耕作，多劳便会多得，山珍的数量是有限的，因此，村民上山也要担心被其他户捷足先登，从而更不会有呼朋唤友的现象。

山林中有奇珍异宝，这对于村民们而言是历来有之的认识；但是具体哪一样山珍更有价值，这样的认识在近年来则是受市场经济影响的。以虫草为例，在新中国成立初期，其市场价格并不诱人，因此在直波村内也少有家庭直接以挖虫草为业。但随着近20年来虫草的市场价格猛涨，刺激了一大批村民开始挖掘和售卖虫草。村民们称，在“最好的时候”，一个劳动力一年便能挖到价值2万–3万元的虫草，从而一个家庭一年也就能靠此收入7万–8万元。虫草的挖采时间有明显的限制，通常一年内四五月份是最适合挖虫草的时间。尤其是在虫草贸易最初兴盛的两年，村民们上山的积极性最高。但是，挖虫草是一件“苦活”，其生长的地域相对较为隐蔽险峻，因此村民们通常需要自行开车上山，单边车程往往都需半天左右。并且虫草生长的地域海拔较高，气候严寒。在早年的时候，由于路上交通不便，村内其他的替代性就业途径有限，对于挖虫草积极性较高的村民上山一趟便会带齐长达数日的干粮及炊具和帐篷，基本属于

"住在山上"，等到"赚够"或者实在觉得山上虫草已无剩余之后才会下山。近年来，随着交通的便利，村民们已经可以选择当天往返来回，但也仍然不免路途折腾劳累。并且，即便上山之后，也不能保证每个人都能有所获，挖虫草在当地人的眼中，一来看"眼力"，二来看"运气"。如此一来，村内近年来依然长期以挖虫草为业的村民数量并不多，大多或是在农闲时，闲来无事，便上山"碰碰运气"。

随着近年来商品市场的发达，村民们已经深谙一套虫草的经营之道。虫草从挖出来到进入消费者手中，还有一道晒干的程序。村民们挖到虫草之后，可以选择自行晒干，攒足存量之后再集中售卖；但如果急着用钱，也可以选择挖了就开始卖。虫草的价格在当年内也会有波动。通常规律是，4月底刚开始有虫草面世时，市场价格相对较贵，到了5月份则会回落。原因在于，在虫草市场内实际上也有"新鲜"虫草品质更佳的说法，因此，越是当年刚面世的虫草越能证明其"新鲜"度。再加上，虫草本身作为一种高度时节性的药材，供给有限，但需求上却常年旺盛，因此在当年刚有供给面世时，积压的需求很容易迅速爆发，价格上涨也算是符合经济学规律。此外，正如前文所说，挖虫草需要"眼力"和"运气"，因此每一年的虫草供应量也是难以预估的。买方也会存在一种心态，要趁有虫草面世时便迅速下手，毕竟谁也不知道日后是否还会有新货面世。当然，也正由于在不同的时间谁也不能精准地预期虫草即将出现的产量，在挖掘虫草的两个多月时间内，虫草的价格均有波动的可能性。但是，无论如何波动，在挖虫草的问题上付出了较大精力的村民倒也并不过于焦虑，毕竟虫草一直是一种不缺买家的商品，村民们除了人力和时间之外也无需付出更多的成本，因此，整体来说依然是一份不错的买卖。

受限于上述市场的不可预估性，也考虑到挖虫草本身是一件"苦活"，在有更丰富的就业选择的情况下，挖掘虫草并没有成为大多数直波村民的就业首选，但是，大部分村民仍可以充当虫草零售商的角色。村内只要有一两家上山挖虫草、提供一手货源的村民，在"熟人社会"法则之下，其他村民便都自有办法与他建立起联系。如此一来，赚取一份相当于中间商身份的收入，对于村民们而言也是一份不错的兼职生计。当然，对于直接上山挖虫草的村民而言，最为集中和稳定的收入还是要外来的商户到村内来批量化收购。就近的马尔康市内也有较为集中的虫草市场。这都成为维系村内这类生计的重要基础。

除了虫草以外，直波村尚有大量的金刚菌、松茸等山珍可以经营。其具体经营方式与上述虫草基本类似；从时间上而言，其基本上接替了虫草，在六七月份时可以采拾、面世。在直波村民的眼中，虫草在被商品化之前实际上很少为村民们所日常食用，但是这些菌菇类的山珍倒是常被作为村民自己的日常食材。近年来，根据市场价格的走向，村民们会选择将市场价更贵的山珍售卖，留下更为便宜的自家食用。这倒并不是纯粹出于一种经济法则，也源于在村民眼中，这些山珍都是从山上近乎均等的物候条件下生长的，因此药效、食用价值都应不存在太大差别，自己也不会吃亏。

6.2.2.3　作为补充的畜牧饲养

除了上述的砍伐、采集外，直波村民常见的另一类传统的生计方式便是畜牧。当然，上文也已提及，直波村民的自我认知主要是“农民”，畜牧业在其生活中并不占主流。在直波村民的记忆中，在集体经济时代，村内曾有属于大队集体的牛和牧场。集体经济结束之后，耕牛、奶牛、羊等原属于集体的财产也如同上文已述的“分地”一样，按抽签的原则来划分。而与田地有质量好坏相类似，牛羊也会被事先评级。为了获得更好的牛羊，个人可以选择向集体交出一笔不算昂贵的金额，使其真正成为私产。近年来，由于政府对直波当地的主要经济定位在旅游，在政策引导上便会提及牛羊并不卫生等论调，并不鼓励村民大量发展此类畜牧业。再加上，直波周边的地形也确以高山谷地为主，适宜放牧的大片草地要去往山顶平地，因此，按照村民自己的说法，“现在的人都懒”，从而也更不愿意大范围畜牧。在这样的情况下，直波村留下至今的主要是奶牛，而不是肉牛。奶牛的重要用途之一在于配合直波村民们日常喝酥油茶的传统。与上文论及蔬菜瓜果种植时的逻辑类似，这类日用的食物对于今天的直波村民来说均可以购买，但是，大多数村民还是会选择自给自足，原因在于，他们始终相信自家的品质总归更好。牦牛在直波村民心目中还是具备神圣性的，这同样与其藏民的身份认同有关，村民们依然遵循着“在路上走的时候不能碰”等传统法则。但是，在直波村内受限于气候和草场的原因，今天已基本不见牦牛。

上文提及村内的粮食种植时实际上也有提到家畜的问题。直波村每家每户惯常饲养家猪，但养猪也不一定用于商业，仍是自用居多，不构成主要收入。通常而言，每家每户饲养的家猪数量并不算多，2–3头即可，其主要动机按照村民们的说法也更多的是“这就是一种习惯”，以及过年的时候毕竟要吃“过年猪”。由于村内的青壮年大多已经外出务工，这种饲养家猪的任务一般便交给家中老人，而老人们也乐得这样的工作，对于他们而言，这是证明自己还对家庭能够有所作用的体现。当然，家猪如果要商卖，一头普通的家猪大约也能卖上千元，虽谈不上是以此为主业，但是对于部分家庭来说，这也能为整体收入形成一份补充。上文曾经提及过直波村民多信仰佛教，信仰习惯中对于杀生的限制，在部分直波村民心中构成了他们减少饲养家畜的理由；但是这种情况也并不普遍，大多数村民们还是在饲养、宰杀家畜。究其原因，或也与下文我们将详细提及的“功德”观有关。在直波村所流行的“功德”观中，宰杀牲畜所积累的业障是可以通过后继的一系列积累功德的行为来弥补的，这更接近于一个加减法的问题，而非绝对的禁忌。

6.2.3 遗产旅游

除了上述农、林经济以外，在直波村，以遗产为资源而发展起来的旅游业也是当地重要的经济动力之一。

直波村的遗产旅游，其一方面是与阿坝地区遗产旅游的整体政策密切相关的，而另一方面，更自发性的旅游影响在直波村也较常见。所谓旅游，除了政策引导式的发展之外，游客自身受旅游目的地的吸引也会形成自发的旅游线路、休憩点和旅游产业，从而对沿线及周边地区产生辐射影响。直波村在过去10年间，一直未能成为国内大热的旅游目的地，但是一直处在多条热门旅游线路的途经范围内，村内目前的旅游发展多得益于此。

直波村民眼中自认的当地旅游资源主要包括了村内的南、北两座碉楼，以及各种藏式民俗。与之一江之隔的松岗镇山上的官寨遗址、沿莫斯都沟更深处的莫斯都壁画也常为村民向游客所推荐。上文所提的影响直波村的旅游线路主要是近年来日渐兴盛的川藏旅游自驾线，尤其是对于最终目的地在色达、金川等地的游客而言，直波村均是绕不开的途经地。因此，无论是碉楼还是民俗，也都契合了这条旅游线的基本定位。

受此影响，直波村内近20年来逐渐开始兴起了各家自发的农家乐。这些农家乐以提供餐饮为主，更小规模的则为小卖部，更大规模的则可提供住宿。其中，可提供住宿的农家乐相对较少。其整体规模相较于与之不足20公里距离、性质相类似的西索民居而言要小得多，显然自发性更强。原因也在于，直波村所依托的南北碉楼等地较之卓克基官寨这样地方扶持多年的旅游重点而言，在对游客的宣传度和政府投入度上均要式微许多。并且，无论是从游线距离还是基础设施的角度，直波村确实谈不上是最佳的过夜地点。这些现状也决定了当地后续旅游政策的重点集中在如何留游客过夜消费的问题之上。

这类自发的小卖部、农家乐，村民们通常并不会另起房屋，而是设立在自身住宅内，仍是以自家居住为主，将农家乐经营作为副业之一。因此，农家乐的运营时间也颇具灵活性。旅游旺季对外开放，而在淡季时，若又碰上农忙，便会选择关门歇业。这些活动虽为自发，但近年来也受到当地政府日渐精细化的管理。按照当地政府的要求，村民办农家乐、小卖部都必须从马尔康市获批营业执照，经营者也要自觉接受基层派出所的定期督察。一旦经查证件并不齐全，游客需要到派出所登记，农家乐经营者则会被罚款。早年间，村内仍有政策扶持村民们开办农家乐，村民们说，部分经营者一个月内也能拿到1000多元的补助。但是，拿到补助的经营者是否在持续经营，当地政府也并没有对其施加过于严厉的管控。经营与否，主要还是受经营者对其是否有利可图的自发判断的影响。在这样的情况下，今天的直波村仍在长期活跃的农家乐只剩三四家了。

村内最具代表性的自发经营的农家乐以南碉附近的若布家作为代表。若布家世代居住于南碉脚下，村内人也已说不清是因为地缘相近才以这家人的房名给南碉也取名为“若布”，还是真如若布家自己所述自家先祖便是南碉的建造者之一所以南碉才会名为“若布”。如今若布夫妇已专职以农家乐为业。这样的经营多是以家中成员为劳动力，丈夫负责经营、接客，妻子主职做厨，家中老母亲和孩子也可常来帮忙。如果遇到旅游旺季，人手不足，村里的其他亲戚、朋友也会被雇佣至此，按照日薪体制，帮忙收拾房间、做饭做菜。农家乐的主要经营招牌以藏式特色餐饮为主。至于经营优势，若布家常以自家的碉楼景观为傲。但实际上，不容忽视的一点是，南碉和若布家的地理位置本身便位于全村最靠近村口的位置，在游客有限、村内其他经营者都不愿长期坚持的情况下，位于村口的这样一家已成规模的农家乐实际上也与当地的供需关系形成了一种平衡。近年来，若布家苦心经营，并决心想要扩大规模，因此在紧接自家住房的位置又新盖了一栋二层小楼，以做专门供游客过夜所用。这种思路也得到家中成员的支持。按照嘉绒地区的习惯，家中兄弟成年之后原则上均要分家。若布家大哥是一位出家人，但也支持兄弟继续经营农家乐，因此愿意将在村落更外围的、分家之后原本属于自己的土地也贡献出来，建成供游客住宿用的小楼，便于农家乐扩大规模。

上文我们曾提到，这类农家乐的住房在自住和经营的功能上通常高度合一，但是实际上，在同一个建筑内，自住的区域与经营的区域仍是基本隔开的，村民们也会利用建筑空间的分隔保护自家的隐私。

除了这类个体自发性更强的农家乐之外，村内近年来在发展旅游的问题上尤为着力的地方便是我们前文也有提及的度假湾。上文已提及，这片土地是由村集体出资承包，首次承包期限签订的是6年。按照村委会的说法，这处度假湾被称为“直波村自驾游营地”。尽管已转由外来的经营者负责其日常运营，但是仍然由“村三委”进行日常监督。按照合同所示，这样一处度假湾的年租金十余万，原则上所得收益应在年终按照“一三六模式”进行分配，即10%用于贫困户分红，30%用于村集体资金累积，60%作为村民分红。

在2019年我开展调查工作之时，度假湾内设有停车场、超市、茶馆与住宿，超市相对独立经营，停车场也曾用于响应当地打造自驾游营地的号召。度假湾的经营同样具有周期性，在旅游旺季时长期营业，在旅游淡季的时候为了节省成本可以选择关张。相较于村内自发性的农家乐而言，度假湾所打出的旗号便是，服务更为周全规范，居住环境更为完善。度假湾为了满足游客的差异化需求，还推出了不同价格标准的套房。

但是，在一个村落社会中想要践行这类专业化发展的思路，自然也会面临来自各方面的挑战。

其中之一便是人员的问题。度假湾的发展既借助了村内集体的用地，又在距离上直接毗邻直波村，那么在雇员的问题上，自然也是优先聘用当地人。这种雇佣关系相对较为松散，双方仅按照每天的工时来付钱，因此雇员可以随时结束这层关系。为了体现度假湾的专业性，经营者会请曾经在外有过酒店工作经验的员工承担技术培训的工作。但是在一种短期雇佣关系之下，雇员们对这类学习实际上也并不十分在意，尤其是当经营者是外来人，而雇员们都是当地人之时，经营者对雇员的调动能力颇受限制。

再者，关于度假湾给予村民让利问题，这在村民内部以及村民与经营者之间也会产生不同的分歧。例如，在前文我们曾提到，从村集体的角度会大量鼓励将村内的大型活动放到度假湾来承办，以此来显示出村集体给予村民们的一种“福利”。从村民们的角度，考虑到“便利”原则以及村内确实没有可供替代的其他活动场地，也大多会如此期待。并且，对于村民们而言，也会产生一种这片土地原本就是集体所有、集体便是你我均有一份的心理。但是，对于外来的经营者而言，自然会有自身的考虑。当度假湾在承接面向直波村民的集体活动时，一般会在原有的价位上降价收费。在这种情况下，度假湾实际上一方面当然不会愿意“亏本经营”，所谓的降价是有所限度的；另一方面，在考虑到经营成本问题之后，度假湾往往会选择只出让对自家经营影响不大的公共用地给村民，厨房、住宿等设施则不会提供，毕竟，厨房、住宿等在经营者们看来已经属于承包给了自己的资产。

除此之外，度假湾周边配套设施的不完善也成为其规模化经营的一大挑战。例如，经营之后所产生垃圾的集中清运，每日开业之前的物资采购，对于直波村这样的一个村落而言仍有大量的不便之处。现今主要依靠人工提前一天进马尔康市采买物资、垃圾车隔日前往村内将垃圾运走来实现平衡。

上文关于遗产旅游的讨论都还基本局限在村这一层级。近年来，在直波及其附近地区最能引发轰动效应的遗产旅游事件还是莫过于当地对于松岗天街的开发。

马尔康市乃至阿坝地区对于旅游问题历来重视，这在我们前文的论述中已有体现，直波村、松岗镇也一直处于与之相关的政策框架之内。但是，在这一系列的官方行动中，真正落地实施并产生现实影响的项目并不多，最具代表性的是在2019年之后松岗天街的正式对外营业。所谓“松岗天街”，其核心为我们曾反复提及的松岗土司官寨遗址（包括两座经后代修复过的松岗碉楼），以及附近保留的一片传统的藏式民居。由于均地处山顶，该地被称为“天街”。松岗天街的打造至少从2018年以来便已从政府层面释放出大量的信号。由于松岗官寨在坊间一直传闻曾有“小布达拉宫”式的辉煌，当地政府也一度提出要将官寨修复回原有的“小布达拉宫”的风貌[①]。为此，当地政府将主要精力用于两座官寨碉楼的修复以及松岗老街民居的客栈化改造，并最终在2019年4月正式对外试运营。当地现已开始致力于培训当地人成为更职业化的导

① http://sc.people.com.cn/n2/2018/0629/c345167-31756530.html.

游。截至我的调查结束之时，天街本身尚不需门票，主要靠经营酒吧、餐厅来换取收入。而这些经营场所也大多以藏式风情为主题，因此，天街内随处可见各类藏式表演、音乐以及民居。

松岗天街与直波村仅一河之隔，因此，松岗天街的试运营对于直波村的影响也是明显的。这可从当地政策和游客的自发行为两个层面来加以理解。

在当地政策方面，自松岗天街的打造项目正式推进以来，一系列风貌整治项目也影响到了直波村。该项目要求，直波村民居，尤其是临街的主要民居建筑在外立面上需要实现清洁统一。市镇各级的旅游主管部门也十分重视，上文所提的直波村的各类农家乐、度假湾的经营者也被频频组织到一起开会，试图以联动的方式来实现区域改造。最为直接的项目还是对度假湾的改造。马尔康市的旅游规划将直波村纳入了以松岗天街为核心的旅游线路中的联动区域，在这片区域内，十分需要一处集中的游客中心，以实现为游客服务、集散游客的功能。而官方将此游客中心选在了度假湾区域内。从2019年5月份开始，便由镇上出资，对度假湾开始了全面的整修。整修的重点便在于，将原本度假湾的茶馆、超市和广场用地收归为游客中心建设用地，设展示沙盘，提供游客服务。为此，度假湾便需要做出相应的让步，只能在后院原本露天的位置重新搭建一个大棚去继续经营，并且外立面重新装修，厨房、客房等服务也必须达到政府的标准。如此一来，游客中心和度假湾的经营便已经分开，人员聘用等经营成本便也由各自承担。松岗天街的打造属于市镇的重点打造项目，因此，原本作为村内集体经营的度假湾在这类事务上不得不积极配合。

除了当地政策的直接影响之外，从游客自发行为的角度看也有一些变化。在天街试运营之后，官方为松岗天街制定的价格与服务策略均是瞄准中高端旅游市场。受其宣传效果的影响，松岗天街的发展也迅速提高了松岗、直波地区在周边区域的名气。对阿坝地区的其他居民而言，考虑到其消费能力，他们可能不在天街的目标群体范围内，但也受宣传效果和自身文化认同的影响，想要来这里一探究竟。如此一来，短期之内，短程的数日游实际上已经蔚然成风，这批游客即使不在天街景区范围内直接消费，直波也因此成为一个受益于天街的开放而外来游客激增的地点，这也为未来直波村的发展带来了潜在的客源。

这实际上也在提示我们，考虑直波村遗产旅游问题的时候有必要对旅游的类型做更进一步的细分。从目前来看，直波村与马尔康市相对适中的地理距离为其带来的客源优势已经逐步显现出来。目前到直波村来的游客，除了从更远地区来自驾游的之外，大部分是从马尔康市里而来的短期休闲者。从直波村民的表述中也能看出，马尔康市虽然经济无法比拟更发达地区的二三级城市，但是“市民”与“村民”的身份认同差别在人们心中仍非常明显，并由此意味着其在生活习惯上各有一套行为模式。马尔康市的市民在周末或短期假日时也会希望暂离其原本的居住地，到景观更为乡土的地点放松游憩。因此，直波村便成了一个不错的选择。直波村的各类农家乐，均是在周末接待游客量会达到一个周期性的高峰，这与马尔康市民的这种短期休闲游密切相关。

6.2.4 小结

综上所述，我们上文从直波村的农业耕种开始，进而进入一系列更为多元的经济形态的讨论。通常，我们常将“村落”与“农村”画上等号，由此便推论村落遗产保护似乎也等同了农业遗产保护。但实际上，直波村的上述情况提示着我们，对于此类问题，我们至少应该意识到以下几个不同的层面：

首先，我们并不是认为农业对于村落而言便不再重要。在直波村我们能看到，即便以种植为主的经典意义上的农民身份近年来在经济意义上已越来越不具备优势，但是对于直波村民而言，其依然是村民们自我认同最重要的要素之一，它塑造了村民们成为习惯的每日生活日常，也是村民们愿意回乡、不愿意离村的重要牵挂，成为凝聚村民与村落这片土地之间最重要的纽带之一。

其次，农业的重要性并不等同于村内只有农业，保护村落遗产也应对原本便已经长期存续在一个村落范围内的经济形态的多元性以及彼此的灵活转换予以重视。对村民来说，现代化的吸引力是毋庸置疑的，这可以直接转换为一种外出务工的趋势，也可以体现为村民们对在地的山林或者遗产资源开发的热情。目前来看，这也得益于当前的农业生产模式为他们所节省出来的精力和时间，让他们能够去发展出足够丰富的“副业”，甚至有时会让人分不清究竟哪一样是他们的“主业”。经济学上所谓的逐利而动的基本原理在他们的身上要表现得更为短期和灵活。

再者，经济的问题不能仅以经济的思维来考虑，借助村落遗产保护来发展村落经济不能将目光只集中在经济的问题上。“利”也不是村民们在选择经济行为时候的唯一基准，村民们对于所谓“经济”的理解也包括对自身的时间、传统和舒适度的考虑。当然，就业选择的不同，会带来村民一系列生活传统的转变，这在很多时候会被我们理解为一种“传统”与“现代”之间的更替。但是，“更替”这种说法又是不准确的。对于这些多元化的生计方式，村民们与之的固定依附性并不强，大多随资源、政策和短时供给情况而波动，他们并不曾真正意义上放弃种植或者回村，他们的行为模式与村落之间的纽带并没有被完全切断。因此，可以认为更深的身份认同或生活传统依然在发挥着作用。这二者之间的矛盾至少在目前的直波村而言还没有爆发到不可收拾的地步，想要寻求“更好的生活”和坚守自身的身份认同、传统生活之间的转换还可以在现实条件的制约下灵活实现。目前，依然以村落为核心的有限就业范围的扩张、交通条件的便利都为平衡这种转换提供了可行的条件。

当然，这种平衡还是建立在目前直波村土地依然还有存量，整个村落仍然没有一个绝对强势的经济形态来加以替换的前提下。即便是从遗产旅游的角度来说，直波村也刚好展示了在更强势的力量介入之前，自发型的旅游经济的增长与遗产对象的保护、村落传统生活的维系之间相对自洽平衡的状态。未来，随着直波当地的进一步开发，这样的平衡是否还能持续，还有待进一步的观察。

6.3 从家庭到村落

在上文的讨论中，我们看到了在一系列制度框架下村内权力的流动对整体生活的影响，也看到了村民们如何在一套经济理性的原则下组织自己的生计问题，但这尚不是直波村的全部。所谓“生活”，除了权力和经济的影响之外，还包含了在整套社会关系网络中孕育出来的种种从个体到集体的行为与观念。这往往从最基本的家庭单元开始，逐步进入一个个更为复杂化的“关系”中。对于本书所立足的村落遗产保护这个领域而言，我们通常所谓的一个村落的“传统”，很多时候也正是指向于这样一种“关系”，我们有时会用“熟人社会”“礼俗社会”等概念来代指它。这在遗产研究中，也通常被视为保护工作的核心和难点所在。那么，这到底是一种怎样的关系？我们可借助直波村的案例加以管窥。

6.3.1 家庭生活的离与合

对于任何一个社会单元来说，当我们想要讨论“关系”的问题时，家庭都会是无法回避的一个话题。

直波村民一直以嘉绒藏族作为自身核心的身份认同，而在关于嘉绒地区的既往研究中，以房名和家屋制度为核心的亲属关系的研究一直是研究的热点。既往研究所得出的部分结论已经能够帮助我们理解这样的亲属关系的部分基本特点。例如，张亚辉曾经整理过林耀华关于家屋制度的开创性研究。他提到，家屋制度首先需要放到土司、头人和百姓的等级制度中来考虑，一处家屋之名即房名，这代表了其可统治的全部区域范围。他引述林耀华关于家屋名号的说法，提道：“这名号的含义甚广，它代表家屋继承人的一切权利与义务……屋名概括家族团体的物质方面与非物质方面的两重内涵。”借此，家屋制度代表了一种“封建主或领主”式的权力，通过屋名的继承关系以及阶级内婚制得以实现（张亚辉，2018）。这里所涉及的屋名继承问题，学术界也频有讨论。林耀华和陈永龄对于土司制度的观察，都反映出在土司制度中首选的继嗣制度是一种父子关系，女儿的继承权要相对靠后，更主要的是父亲与外孙之间的过渡。而至于平民阶层，陈永龄的研究指出，“若一家有一子一女，普通多由子传代，女出嫁”（陈永龄，1984）。在此基础上，张亚辉（2018）将上述制度框架下的嘉绒家屋制度总结为：土地和房屋是一种不动产，对于土司时代而言，这些土地与明确的实物地租、兵役和劳役相绑定，因此是不可分割的，一个家庭也会在每一辈中留下一对夫妻来继承家屋。这里实际上便已涉及嘉绒地区的一种分家制度。嘉绒地区一对夫妻大多孕育多名子女，子女成长到一定阶段后需分家生活。关于分家与房名的关系，李锦做过补充：分家之后离开的子女便要使用结婚后居住其中的房屋的房名，或为婚姻新建的房屋的房名。他借助四川雅安硗碛的个案研究证明房名的继承，进而得出结论，由房名继承建立的亲属关系中，“以房名为中心的家庭观念比血统观念更为重要”（李锦，2018）。

具体到直波村的情况而言，首先，确实能看到房名和家屋制度在村内的普及，房名的继承原则也仍如同上文既有研究中所述：原则上随家屋而定，一户人家会留下一位子女作为“当家人”，从而继承房名。这套模式的成立首先意味着，包括直波在内的嘉绒地区对于子女的生育一直是奉行多兄弟姐妹的习惯的。根据《马尔康县志》的记载，在整个马尔康地区，从1970年开始成立计划生育委员会，1981年以后对汉族和少数民族实行区别政策（四川省马尔康县地方志编撰委员会，1996）。该地实行的是“夫妻双方或一方为少数民族的”，可以生育二胎，这项政策一直延续到近年来计划生育政策的调整。在此基础上，与汉族常见的长子继承不同，在直波村，继承者可以是男性也可以是女性，也不一定受长幼顺序的限制，家中自行协商妥当即可，通常父母双亲最具决定权。“当家人”的伴侣进入该家庭后也自然放弃其原有房名，而转随该家的房名。但是，房名在今天的直波村显然已不再具有土司时代承担税赋劳役的作用。从功能的角度来解释，其在当地人心中成为更接近于姓氏一般的一种身份认同符号。今天的直波村民都能熟知自家的房名，但是村民们对于这些房名的具体含义也很难做出解释。虽然上文曾提及，部分房名或来自早期移民至直波村的村民的始迁地点，但这类说法在村民中也并未大规模流传开。在更多的时候，当被问及此类问题时，村民们常说：“难道汉人的姓氏就有道理吗？也没有吧。那我们也一样，只不过是从祖辈继承下来的而已。”村民们一方面认为，只有一个人的藏文名字加上房名之后才是其姓名的全称，但另一方面，日常称呼中实际上也不会用房名来称呼对方，只有当出现了重名或意欲有所强调之时，才会称呼对方为“××（房名）家的×××（藏文名字）”。毕竟，在一个相对小范围的“熟人社会”中，称呼对方的全名反而是一件令人奇怪的事情；因此，不带房名的称呼对于村民们的日常交往而言便也足够了。

上文也有提到，房名的问题与分家紧密相关。甚至从某种意义上，分家相较于房名而言，在直波村民心中显得更为重要。分家通常发生在家中儿女结婚之时。对于今天的直波村而言，结婚的问题已经不存在一个固定的年龄节点，其受现代婚姻观、受教育程度和就业情况的影响更大。尤其是村民的就业生计已经可以大量选择在村外工作乃至定居之时，是否要分家进而继承家屋和房名便显得不那么重要了。在这样的情况下，分家以及房名继承的问题在村民心中实际上被更多地转换为由谁来日常照料老人的问题，毕竟，分家以及房名继承之后对“当家人”而言最大的影响便在于，此后其便要与父母一起长期居住了。

值得注意的是，谁来日常照料老人并不等同于其他子女在被分出去了之后便与原生家庭再无家庭纽带关系。随着物质生活的逐渐富裕和现代价值观的引入，分出去之后的子女也常可以探望、资助父母，以及邀请父母到自己家中来短住。若不如此，反而会被村内人指责为不孝。在这样的情况下，村内也有兄弟之间选择不分家，共同出资出力来照顾父母。

分家之后，分出去的子女如若伴侣一方继承有房名，则如上文所述，随伴侣方房名。但如若伴侣双方都不继承房名，便如李锦研究中所提到的，应另寻土地、另建房屋和房名。这个“另寻”和“另建”的过程通常继续受到原生家庭的支持。原生家庭的父母或者“当家人”都可以在协商的前提下从原有的自留地中分出一部分土地来支持新家庭。只不过通常而言，这也仅是帮忙解决土地问题，至于土地之上再建房的问题，父母便不会再过问了。尤其是当现代土地管理制度愈发严格之后，这种支持更显得重要。在上文梳理现代土地管理制度的时候，我们其实便能够看到，现代土地制度的管理是严格将土地与“户”绑定在一起的，并在土地规划和实际复审的过程中都严格控制一个村落范围内不同性质用地的面积与功能，因此，新分出来一户的新建房需要严格审批。由此一来便意味着，新建房的土地不能动摇原有的耕地，也不得随意占用无主土地。并且由于直波村自身的地理地形特征，村内的无主土地极为有限。即便存在这样的无主土地，村民们曾提到，按照现有土地规划，行政部门划归给新的一户的土地往往也会与其旧户邻近。此外，如果是在原本便有主的土地上易主建房，在土地原本的所有人自主自愿的情况下，流程完成起来也会顺畅许多。这也都意味着，分家之后的“新”与“旧”之间仍然存在着诸多的关联。

体现新建的家庭与原生家庭之间纽带未断的另一证据还在于，另建房屋的房名在部分时候还会与原有的房名建立起关系。例如，A家的女子与B家的男子在分家之后新成立了一家，女子与男子都没有继承原房名，并新盖了一栋房子，由于新盖的房子在B家男子原房名所在房子的地理空间的“下面”，新家的房名便可以直接取名为“B家的下面”。

随着村民们的日渐富裕，建新房的问题也并不一定要与分家绑定，也不会受一处家屋一处房名的捆绑式限制，只要自家的土地范围仍然允许，财力也足够支撑，便可以在通过审批的基础上建设新房。这种情况下所建设的新房也便不再拥有一处新的房名，村民们在日常称呼中可以在原房名的基础上来对新建的房进行指称，如，“××（原房名）家娃娃的新房子”。

在分家的过程中，除了上述的建房问题之外，自然也伴随着对家中其他财产的再次分割。如果自家子女要进入伴侣方的房名中，换言之，即伴侣方是“当家人”，那么自家通常会有意识地减少给自家子女的财产份额。而作为伴侣方，实际上也可以拒绝对方原生家庭的财产。原因在于，受现代婚姻观的影响，村民们也开始逐步接受，自己成婚之后便已是独立的家庭，财富也自然更应靠夫妻双方共同努力。除了房屋、土地等大宗之外，在现代财富观和就业模式的影响下，父母一辈所留下的财产对于新家庭而言已谈不上有多大的分量，年轻一辈们对此也就并不那么在意。再加上，正如上文所述，分家之后的子女与原生家庭之间并不会就此断了联系，若有需要，父母兄妹也仍会相助，因此也便不必要在此阶段就急于分割。

实际上，从上文已述的情况来看，直波村已经逐步形成以核心家庭为单位来建立起自己的家庭结构的模式，而不再单一强调血统继承的关系。在这个过程中，还值得强调的问题在于，老人、兄长的身份在直波村的传统中是尤显尊贵的。在家庭生活中，选择“当家人”、分配财产均是由家中老人决定；若老人去世，则由家中的大哥或者大姐来决定。家中子女成年、成家、分家之后，仍然要受到这套辈分长幼关系的制约。例如，年龄再大的一位老人，只要他的兄长或者大姐仍然在世，便仍需要对他的兄长或大姐保持尊敬。在一个家庭中，辈分大的人可以动手教训辈分小的人。那么，同辈间的顺序如何排列呢？在直波村，如果大伯的儿子比二伯的儿子年幼，那么应是二伯的儿子大于大伯的儿子，大伯的儿子依然要称二伯的儿子为哥哥。这种长幼尊卑的秩序还体现在村内流传的“上八位”“下八位”的座次习俗中。当家中聚会之时，自是老人、兄长或大姐依序坐于“上八位”。当然，如果家中有出家人，且出家人的宗教级别已经较高，那么“上八位”应当留给级别较高的出家人，老人次之。在一个村落社会中，彼此“熟人”之间的舆论话语成为确保这套传统得以继续下去的重要保障。如果村内有谁对待老年人的态度不好，便会遭到全村人的议论；如果村内有哪位老人或兄长在分配财产或选“当家人”时不公平，也会遭到全村人的鄙视。当然，这并不意味着老人在家中的地位便是养尊处优的。上文在论及生计问题之时已多次提到老人的帮扶。对于老人而言，多为家里做事也常是他们的乐趣所在。农耕为主时，老人也愿意随子女一起下田务农；子女外出谋生之后，老人也可以到子女家中帮忙照看孙辈和料理家务。

上文我们的论述都还集中在父母兄弟这一类直系亲属关系上，而在一个村落社会中，以家庭和血缘为基础来延伸还有其他极为重要的亲戚关系。随着村落内的不断联姻以及分家，在直波村也常能听到村民们提及“我们都是亲戚”。上文所论述的村内的“熟人”法则，其根基便在很大程度上依托于这种甚至对于村民们自己来说都理不清的亲戚关系。这种“理不清”，常是村民们自己茶余饭后的谈资。这与直波村民们不记家谱、不以“族”为单位来组织活动等因素有关，随着年代和辈分的久远，自然也便“记不清”“理不清”了。在某种程度上，村民们也很乐于维持这种“理不清”的关系，因为它反而意味着，一旦某一户村民出现“需要人帮忙”的情况之时便可以向更广范围的其他村民寻求帮助。当然，当这种“理不清”的亲戚关系维持得越广，彼此在保持日常的走动的同时，也不会直接将对方纳入自己的家庭生活中。从上文的分家制度便已经可以看出，直波村民的家庭生活还是以通常意义上的核心家庭（“当家人”夫妻、子女再加上老人）为主的。对于一户人家而言，最常见的需要亲戚来帮忙的时候便也是在该户人家遇到“大事”的时候。对于直波村的村民而言，过去常见的“大事”如过新年时的“打平伙”，此外，更为常见的“大事”包括村民们的婚丧嫁娶以及一年一度的家庭念经。从功能的角度来解释，这种时候与亲戚们的走动一方面是活跃一种社会关系网络，与“熟人”之间常保持联系；另一方面也有邀请亲戚来帮忙的意义。这种时候家里往往需要接待各式的客人，包括请来念经的出家人，因此，家中要准备多人共同用餐的餐席，常会出现人手不足的情况，便常需要亲戚们的帮助。当然，这并不是唯一的解释。毕竟，如果人手真的不足，那么从纯粹的可行性的角度而言，大可不办这样的宴席就好。所以，村民们在这些“大事”的场合大摆宴席、邀请亲戚，更多地也是源于其对过往便有之的传统习俗的坚持，身份认同的影响力可以从中再次体现出来。

当然，所谓的“理不清”也并不意味着这一直会是一笔糊涂账。在上述的“大事”之时，亲戚之间的远近关系也会显示出端倪。对于需要办“大事”的主人家而言，这种时候所优先邀请的亲戚便是对于该主人家来说最“理得清”的亲戚。这通常是在三代之内，不会特意考虑男方或女方的偏重，以谁在村内、能够有时间来为主。关系更近、辈分更轻、更为身强力壮、精于家务的亲戚可以来家中帮忙，反之则更多是来家中为客。以家庭念经为例，关于其具体的仪式过程，我们在后文还会进一步展开，在这里可以提到的是，这种仪式主要造福的依然是主人家这一核心家庭，来帮忙的亲戚纯粹属于义务式的帮忙，严格来说并不属于家庭范围之内，更不会共享这种福祉，只是在其中的赐福环节可以见者均沾。但亲戚们通常还是不会推辞这种邀约，也会将其看作是一个聚会的契机，这对于他们来说也可以“像过年一样”。

整体来说，直波村的上述生活模式一直保持着相对的稳定和持续。近20年来，对其影响最大的因素主要在于上文已述的生计就业问题以及现代教育问题。

从生计就业的角度而言，伴随着农业经济的日渐薄利，以及村外的一系列多元生计方式的发展，留在村内对于村民们的吸引力正在减弱，那么继承家屋、房名的家庭生活方式也自然愈发显得不再重要。过去，在现代土地管理制度愈发严格、村内空地荒地日渐减少的情况下，建新房的事情对于村民而言，曾经一度是需要举家共谋的大事；但是近年来，伴随着村中年轻人外出工作，该问题的重要性逐渐下降。一户人家通常只需留一名子女在村中成为“当家人”继承家屋即可，其余子女大可与其他村落的村民联姻或去城中工作，如此一来便也不存在需要在本村为其谋得土地的问题，对于父母、“当家人”和被分出去的子女而言都更“省了麻烦”。对于更年轻一代的父母来说，更倾向于将子女全部送往更发达的城镇接受教育，至于接受了教育之后是否还愿意回到村中来继承家屋和房名，年轻一代的父母也更显豁达，通常表示不愿强加干涉。

如此一来，选择在何处接受教育对于村民们来说便更显重要。对于直波村的学生来说，幼儿园、小学均可在一河之隔的松岗镇上完成，与直波村仍然相距不远。而当子女到了初中、高中阶段之后，最近的教学点也便是在马尔康市。同时，由于一系列的少数民族优惠政策，村民们也可以选择将子女送往成都、绵阳等更为发达的地方接受教育。原因在于，家长们愈发意识到，子女若是仅在马尔康市接受教育，其考取大学的可能性会较低。为了更高的教学质量（这在一定程度上也意味着更好的就业前景），他们也更愿意子女外出接受教育。只不过，外出之后，子女脱离了父母的关照，并且教育基础也常不如“外面的孩子”，因此也有弊端。因此，子女的教育地点问题已成为更年轻一代的直波父母普遍纠结的问题。

对于直波村的学生而言，其所接受的现代教育也确实更为“外向”。其整体学科体系已与汉族地区无异，其所接受的发展路径也是考取大学、去更发达的地方就业。这并不意味着更为地方性的乡土教育在当地没有开展，只不过其在实施的过程中实际上存在着明显的困难。以最体现其地方身份认同的藏语课程为例，在马尔康地区，这类课程通常从初中阶段之后便已有开设。但是，学校内教师大多外聘，因此日常授课时也自是用普通话授课。当然，学生日常交流也可以继续使用自己的本地方言；但需要注意的是，学生们的本地方言虽然大多都属于藏语体系，却与课程中所学习的标准藏语大有不同。按照今天的观念来看，嘉绒藏语相较于我们通常所说的“藏语”而言本就属于一类方言。因此，对于学生们来说，学习标准藏语的难度并不亚于学普通话。并且，学生们是从初中才开始学习，也近乎类似于多学了一门外语。方言之间本身的差异性极大，马尔康市已经成为周边地区最重要的集聚中心，因此来马尔康市上学的学生也常来自阿坝州内的各地，这些学生彼此的藏语方言其实并不完全互通，这实际上在无形中依然是鼓励了学生们的日常交流改说汉语。为了增进藏语在学生中的接受度，当地的教育制度中已经规定，如果藏语学得好，可以参加专门的加分考试，甚至开设专门的藏语学校。但是，这对于日常习惯于用藏语方言、四川话和普通话交流的学生而言，仍然是颇具门槛的。

在这样的情况下，目前直波村的新一代尚还谈不上已完全抛离原有的家庭生活、完全离开村落。这并不是因为他们从个人的意愿来说不愿意，在很大程度上是因为事实上的升学渠道、就业渠道仍然是相对狭窄的。正如上文已经有所提及的，外出就业会面临文化认同、文凭竞争等一系列问题。如此一来，对于不擅学业的新一代而言，近年来在村内颇为流行的一项出路选择便是参军。参军退伍之后，可享受国家相应的就业政策优惠。在现行的政策要求下，如果要选择这一条就业路径，就算再不擅学业，也必须取得高中文凭，这实际上与当地的学生愿意至少考到高中形成呼应。至于退伍之后的就业政策优惠，也大多是落实到户籍当地，因此，实际上村民们也是回到了当地就业。当然，这里所谓的当地也主要是集中在市、镇等地了，不会直接回到村中。这也再次呼应了本章上节所述的就业距离的问题。

6.3.2 家事亦是村事：婚丧大事

在上文的论述中，我们已经多次提及，在一套“熟人社会”法则作用之下、在一种“亲戚朋友”关系支撑下，直波村民之间的日常生活是紧密相连的。这也意味着，有一些事务对于村民们而言，从个体生命的角度，其自然首先是我们通常所理解的一些家事，但是在一个村落社会中，却已经自发形成了一套“传统”的规范，需要全村的人来共同参与，从而成了一件村事，构成了村民们集体生活中不可或缺的一部分。

在这当中，结婚和丧葬通常是最为重要的。而从集体性的角度，我们最关心的话题是：村民们究竟会在何时、以何种形式、以何种理由聚集在一起，这反映了他们彼此之间怎样的关系。

关于结婚的问题，在前文论及非遗问题时为了与当地的传统村落规划文本有所对应，我们已经提及了直波村最主要的“婚俗”。当时我们所想要强调的内容实际上在于，随着就业和现代婚姻观的影响，直波村的婚俗已经不再是如文本所述的那样仅在一个有限的范围内发生；在婚礼当天，村民们集体性的参与是常见的，仪式上保留了部分传统的做法，但实际上已经日益趋向于简化和现代化。

相较之下，部分村民表示，村内对于葬礼的重视程度更高。

在直波村，村民去世之后，一般可以在天葬、土葬、水葬和火葬之间进行选择。而这个选择权并不完全掌握在死者家属手中，要由懂行的出家人来根据死者和家属的生辰八字、死亡时间等要素来进行一套周密的计算。并且，与之对应的，不同的葬法对仍然活着的家人的约束和要求有所不同。以天葬为例，天葬的级别在当地人心目中是最高的。但是，首先，并不是所有的人都有资格享受天葬，这需要出家人再进行一次计算；其次，天葬意味着死者尸体需要专门送到色达的天葬台；同时，天葬还要求死者直系亲属在三年内不得杀生、不得喂猪、不得喝酒、不得抽烟、不得赌博等等。如此一来，天葬虽然看似级别最高，但是考虑到巨大的经济压力以及诸多戒律，村民们反而大多不会选择天葬。在马尔康地区，政府从1977年开始便成立了殡葬管理所，全力提倡火葬，限制土葬（四川省马尔康县地方志编撰委员会，1995）。但是落实到具体的村落之后，以直波村的情况来看，村民们普遍还是更倾向于土葬。即便是出家人通过测算，得出结论认为该名死者应该火葬，但是，同样受到“入土为安”等思想的影响，村民们还是更倾向于土葬。此时，死者家属可以在入葬时在棺木下方放一个小火盆，再将棺木埋入土内，以示代替。

随着葬法的不同，葬礼的仪式过程也并不相同。本章本节接下来的记述基于我在田野调查过程中亲历的村内一户人家的土葬过程。

葬礼通常从死者去世的当天开始算起，至于持续多长时间，要看出家人计算死者具体的安葬时间为准。这种计算一方面自然是考虑死者的生辰八字，另一方面也可以由活着的亲属与出家人协商。毕竟，如果耗时太长，经济压力也会太大，因此也可请出家人尽量协调。

葬礼开始之时，村民们的聚集便也已经开始了。村民们在提及这种聚集之时，多会说自己是来“帮忙”的。按照村内的信仰习惯，死者的亲属从葬礼开始之时便要请村里的出家人到家里来念经，便需要为出家人准备餐食，为出家人做仪式准备道具。如此一来便会容易出现家中人手不够的情况。在这个阶段，原则上是全村村民均应该出现来给主人家帮忙，但是实际上真正来帮忙的村民主要还是村内比较有闲或与死者在亲属关系上最为亲密、最为“理得清”的村民。

既然说是来“帮忙”，村民们来到死者家中致以哀悼之后，也大多的确会分担相应的仪式准备工作。这时，来帮忙的村民彼此之间的分工一般不再需要主人家安排。大家都是村内人，因此已经很熟悉全套的仪式流程，可以自发讨论形成彼此的分工。年轻人大多是从事力气活，尤其是在送葬前夜的守夜、帮忙整备墓地、搬运材料等环节。老人因为时间比较充裕，比起年轻人来说，往往更不会缺席。如果严格按照一种神圣与世俗之间的界限来做区分的话，老人毕竟不等同于出家人，大多仍然是一种世俗身份，但是，其身上的尊崇性实际上在此阶段也会有所显现。例如，村内老人也并不是都熟读经书，大多只会基本的八字真言。八字真言的难度不大，在村内几乎人人都会念，但是在村民们看来，由老人们念出来，其意义更不相同，会更加灵验，可看作是老人为死者祈福超度的一种形式。此外，在出家人做仪式时所特需的一种藏传佛教常见的道具“搽搽”，也是由老人来为死者现场捏造。

既然是前来帮忙，死者亲属自然要尽量为前来帮忙的村民们一并解决餐食问题，通常会安排集体用餐。这种用餐虽然人数较多，但是这在直波村民心目中，与通常意义的设宴、酒席仍然是不同的，没有喜庆的意思。

从葬礼开始，直到下葬当天，这可看作是葬礼的第一阶段，在此阶段内，村民们是否前来帮忙仍凭靠更为随机性的自愿；但是等到下葬当天，按照村内传统，严格来说则需要每一位村民都到场。

下葬的时间会由出家人提前算好，并且，有人专门负责通知全村人。在下葬当天，从棺木抬出家门开始，村民们便前往死者家中组成送葬队伍，直至棺木送达墓地。直波村在附近山林中有数处集体墓地。墓地大多在山林坡地的空地上，既不会距离世俗太近而被“污染”，又不会位置太远，从而难以抵达。当然，这里有一个基本的前提，即该片土地是属于直波村所有的。至于具体的哪一户村民选择哪一处墓地，则大多根据就近原则，看哪处距离自家更近、更空、更方便。村民们也大多愿意选择与自己的亲属埋在同一片墓地，一来是因为其住宅位置历年来本身便没有太大变化，二来也是为了方便后代上坟凭吊。

由于直波村主要的住宅都集中在南北两座碉楼附近，北碉后方山坡上的墓地也自然成为村内最为主要的墓地。下葬当天，仪式开始后，送葬队伍从家中行至北碉后方的墓地的过程中，需要至少鸣两次鞭炮。一次是棺木离家之时，一次是棺木沿村口进入通往北碉后方墓地的大道时，似也宣告葬礼的两个阶段。对于来参加葬礼的村民来说，如果第一个阶段未能赶到，仍无大碍；但是在第二个阶段，最好全员到齐。如果村民们手边实在有事，那么至少一家当中有一个人前往，以示作为代表。按照村民们的说法，出家人会计算生肖相克的情况，如果送葬的村民与死者的生肖相克，那么在动棺木和下葬入墓坑的环节，是需要该村民对此进行回避的。但是所谓回避，也并不妨碍村民们到场，这只需要特定的村民们转过身，不要直视棺木便可以。棺木在运送的过程中，不能着地。送葬队伍如果太累，必须用木凳等支架撑住棺木，稍事休息。抬棺木也是一件力气活，因此一定是由村内的青壮年男性来承担这份工作。村内也私下常流行一种说法，若棺木越重，代表死者怨气更深，不得安宁。

送葬队伍也有严格的排序。最前方由大型唐卡和经幡开路，按照村民们的说法主要是为了“辟邪”。其次，可以有村民帮忙撒纸钱开路，但这并不固定。是否要有此项，取决于死者亲属的选择，大多是与汉族地区往来更为密切或有一定汉族血统的人家才会选择此项。纸钱的样式与汉地常见的样式无异。村民们也表示，这种撒纸钱的做法曾经并不流行，只是近年来汉藏融合明显，因此有些汉地的做法便传到了当地。直波村虽然以藏民为主，但是仍有少数几户汉族人，他们日常生活已与藏民基本无异，但是在葬礼的撒纸钱、立墓碑等做法上仍然保留着汉地的习惯。其后便是棺木的位置。再往后，是死者的直系亲属。通常，如果死者是汉族或者有汉族血统，那么子女多会“披麻戴孝”；但如若是纯粹的藏族葬礼，则不存在“披麻戴孝”这一说法。需要注意的是，即便是需要“披麻戴孝”，这也仅限于死者的子孙辈，兄弟姐妹则一般不需要。在此之后，是由当地老人组成的一列队伍，手中多持有法器。上述几个位置的排序相对比较固定，其他参与到送葬队伍中来的村民，除非是临时需要前后跑动以便于为后面的环节做准备等，否则原则上不会破坏该排序。至于出家人，由于送葬的路上并不需要念经，因此其反而不必一定出现在这个队伍中。他们只需要在当棺木抵达墓地并开始下一个环节之前到达墓地即可。

当棺木运达墓地之后，仪式开始进入下一阶段，村民们都聚集在墓地周围。此时，墓穴往往已经提前准备好，棺木需要停在墓穴附近暂放。出家人会在墓穴附近择空地就坐，并且开始念经。与死者关系最为密切的亲属此时会在念经的位置与墓穴之间站立，与出家人一起完成一套仪式流程。而与此同时，仍然有一系列对墓穴的现场整备工作等待完成，因此仍然需要村民们继续帮忙。

现在，直波村的土葬一般会在土坑的基础上再用墓砖加固墓室。墓砖会提前在墓穴旁准备好，但是所需的水泥则需要村内来帮忙的年轻人在现场搅拌。按照过去的做法，村民们有时还会在棺材上倒入碳灰和沙子，同样是防腐加固之用。但这一项在村内部分“没那么讲究”的村民那里便也没有遵循了。加固墓穴、放置棺材、填充沙石碳灰等填充物、用土掩埋之后，墓穴整备工作才算基本完成。

在此阶段，还有一项重要的任务是为死者立经幡。直波村的墓地，都有专门的旗杆，以供挂经幡。这种面向死者的经幡，在经文内容上便与日常挂的祈福、保平安的经文完全不同。经幡通常是由村民们买来赠送给死者，这是村民们表示心意的一种重要手段。买好之后，不需要由赠送者来亲自挂上，只需要集中存放，再在现场由人集中统一挂上即可。旗杆通常是村民们专门为了葬礼所砍伐的一根木头，材质通常为杉树，不能用柏杨树。主要原因还是在于，柏杨树过于容易腐朽脆弱，无法起到常年竖立的作用。如果提前准备好的旗杆已经挂满了，也可以找别的支撑物来代替。核心在于一定要将经幡挂起来，保证其可以随风舞动，这才能有效力。在当地藏民的心中，只有当风吹舞经幡才代表是风在替赠送经幡的人为死者念经。如果在一处墓地里面有了新的死者要安葬，而原有的旗杆上没有挂满，还有空余，那么原则上也可以接着使用这根旗杆，但是对于现在的直波村民而言，亲属们大多还是愿意为自家死者重新竖一根新的旗杆。

如此一来，这便涉及了木材砍伐的问题。实际上，葬礼的全过程，从办伙食到下葬做仪式的时候，都会反复需要用到木材。这个时候官方禁令的封山政策会适度松动，以“死者为大”的原则，允许村民们进山少量砍伐。通常来说，去砍木头的人，都是村内来帮忙的年轻人。此事对于村内即便最为强壮的劳动力来说也不是一件容易的事，因此通常需要几个人轮流分多天完成，每一天定量到人。砍伐完成之后，接下来便是运输的问题。这一环节则多是由主人家提供机械来运输。做旗杆用的木头砍伐结束之后会提前运到墓地，但是并不会立刻便插入土中。这项工作要等到棺木正式落入墓穴之后再由村民们合力将其竖起来插入土中。

我们再将目光回到送葬当天。当棺木运抵墓地之后，出家人和亲属继续完成仪式，年轻人出力帮忙完成墓穴准备的工作，老年人和其他村民便相对更为空闲。但是，他们也不会就此离开。此时，他们通常会选择在墓地附近的空地席地而坐，或闲聊，或集体念诵部分简单的经文，或一起唱诵歌谣。在村民们的解释中，此时他们所念诵的内容也是仪式的一部分，同样是为死者送行之意。

等到棺木落入墓穴并封土掩埋，墓地现场的工作才算正式结束。整个在墓地现场的时间通常在两个小时到半天左右，一般会确保在当天晚饭前仪式能够全部结束。此时，所有参加葬礼仪式的村民们会再一起回到主人家吃一顿饭，最后再请出家人念一次经，主人家再进行一次煨桑，便可以宣告当天的工作正式全部结束。这顿聚餐实际上也是整个葬礼过程中全体村民最为齐聚的一次。近年来，村内开始流行，在棺木下葬之前，主人家为前来帮忙的村民所准备的都是素菜；只有等到下葬当天的仪式结束之后才开始吃荤菜。但是村民们也会提到，在更早期的时候，村内的惯例其实是一直吃荤菜。

在聚餐结束后，村民们因为葬礼而进行的聚集也就随之结束了。当然，对于死者亲属和出家人而言还有更多的后续工作。例如，到了第二天，死者亲属和出家人会再次来到墓地，进行"修坟"，主要内容便是做一个坟包。在部分经济比较富裕的家庭，还会继续请出家人为其念满49天的经文。但是这些工作便不再与其他村民相关了。

综上，我们已经较为详细地记述了一个相对完整的葬礼过程，从而得以很清晰地看到村民们会在什么时间出现在什么场合并且承担什么样的工作。那么，站在从村民个人的家庭生活延伸到集体活动的角度来看，这反映的是一种什么样的关系呢？

在上文，村民们给出了一个我在田野中最常听到的说法，即"帮忙"。在我看来，这里的"帮忙"的内在意义也是丰富的。

首先，其自然有很强的功能性意义。村民们此时的聚集与互助诚然在很大程度上有辅助完成"传统"仪式和习惯的功用。并且，这种功用并不仅是为了服务于一套"传统"的完成而已，对于村民们个人而言，他们也会提到其对于自己的意义。例如，村民们会说，来帮忙的村民原则上都是义务性的，但是主人家一般会象征性地给每人一个小红包，1元到10元不等表示感谢。来帮忙的村民拿到了红包之后会念三句玛尼，当作为死者祈福。近年来村内也开始出现攀比的情况，谁家的红包给得大，代表了谁的家境好、大方。但实际上，在村民们心中，这种帮忙是不需要支付酬金的。大家都认为，这种事每家人都会遇到，如果今天我不去给别人帮忙，那么等到我需要帮忙的时候，别人也不会来给我帮忙。如此一来，这样的互助自然不再需要用金钱作为酬劳。

其次，我们还应该看到，这里的"帮忙"还可以从另一个角度来解释，即"传统"的规范在一种"传统"观念中的"大事"范畴下对于每一个人的约束。上文所述的功能性意义更接近于从一种理性逻辑的角度，在"熟人"的框架下，村民们能够意识到自身违背这种规范时所带来的潜在损失是巨大的。而同时，从村民们的心理角度，遵循这套规范在很多时候甚至是先于理性逻辑分析的。这并不意味着村民们并不理性。这主要源于这套规范已经在村民自身成长的过程中渗透进了他们的生活习惯和价值观之中，更类似于是一种不假思索的行为。为什么要在特定的时间参加特定的集体活动呢？从村民们那里所能听见的最常见的答案是：没有为什么，这里的全村人从小开始便是如此为之的。

再者，这套规范又具备很强的适应能力。这一系列的规范是传统有之的，但是其在当下也找到了与自身可调适的位置，可以允许根据当下的现实情况做出一系列的调整和妥协，从而也不会与村民们以自我为中心的生活理性发生本质上的冲突。因此村民们也没有违背这种规范的动机。

或许，只有完整地看到上述诸多方面之后，我们对于村落社会的集体性的理解也才更加完整。

6.3.3 内外有别

上文我以婚丧大事为契机展开了对村民们集体关系的讨论。当然，这尚且不是村民集体生活的全部。在本章本节，我们还将能看到更多关于村民们“聚在一起”的记述。在此基础上，当我们试图讨论这样的生活图景时，我们能从中体会到另一个更为显性的现象，那就是村民们在处理这类关系、组织各类聚集时，一直伴随着一种强烈的内外意识。例如，核心家庭之内、核心家庭之外，“理得清”的亲属关系之内、“理得清”的亲属关系之外，“熟人”之内、“熟人”之外，“朋友”之内、“朋友”之外，“同村人”之内、“同村人”之外等等。这些内外意识构成了村民们在不同场合选择不同行为的重要理由，同样也是村民们在建构自己与一个传统社会或现代世界之间的关系之时的重要心性特点。

6.3.3.1 关系的形成与维系

这种内外关系的形成与一个村落在一个更广域的地域中所形成的特性、“符号”密切相关。在本书上文已述的篇幅中，有诸多内容都旁涉了这一点。例如，我们已经提到的文化政策，我们所讨论的村落历史，村民们对于碉楼、寺院或民居以及一系列“非遗”项目所展现出来的态度，它们都共同涉及关于一个身份的文化认同的问题。这样的认同成为村民们建立起内外关系的一项基本的重要标尺。只要一提到与这些认同相关的各类“符号”，无论村民们是否能亲身掌握这种“符号”，都能产生一种属于“我们”、与“我”有关的熟悉感，这构成了整个村落社会形成一种向内关系的重要前提。

此外，这类内外关系自然也需要放到村民们的日常生活图景中去考量。界限感最为清晰的关系，在日常生活中也自然最常为村民们所提及与践行。例如，对于村民们而言，最为明显的、分得清的内外关系便在于，村内与村外之别。

在上文我们也曾提到，直波村紧邻“莫斯都沟”。从地理关系上看，直波村便位于莫斯都沟与317国道的交界口，因此也是沟里“最外面的一个村子”，从“外”至“里”依次是直波、哈飘、丹波和莫斯都四个行政村，大约每5-7公里间隔一个村。一条沟的两侧便是险峻大山，村落均延沟谷两侧生长，在这种地形环境下，这条沟也成为村民进出最为核心的交通要道。因此，沟内的村民之间的日常交往乃至通婚也颇为密切。但是，正如上文在提到田地、山林等土地的界限时便已多次提到的，村民们对于村与村之间的界限感非常清晰。不同的村民在日常交往时也会时刻牢记自己属于某一村的身份。这种内外之别的形成也并不难以理解，毕竟从土司时期开始，村落的政治生活、经济组织都是遵从着特定的、有界限的人群区隔来展开的，并且这种人群划分的方式又是从土司至新中国成立之后一脉相承的，不同村落之间的政策也常有各式细节区别，因此这种村落之间的界限意识对于村民而言也自是根深蒂固的。在形成这种界限意识之后，不仅官方组织的集体活动会各自以界限内的人群为基础来组织，实际上非官方的各类人际互动也是同理。反映此问题的典型案例便是同样在上文我们有所提及的拜年习俗，只拜本村人的传统在村内一直得到了良好的遵守。

值得注意的是，这种内外关系往往还并非仅是单层的。在每一个内部之中，又可以切分出更为细致的小内部。例如，“我们都是藏民”，内部可以再分为“我们都是嘉绒藏民”与“他们都是草原藏民”的区别；而“嘉绒藏民”内部也可以再分为“我们都是松岗土司管的嘉绒藏民”与“他们是四土当中其他土司管的嘉绒藏民”的区别。而当发生具体的利益切割之时，村民们会从小内部开始寻求认同并达成一致，以维护群体内利益；当这种群体遭到挑战之后，再逐步扩大自己的圈层，以扩充自身的实力。例如，近年来，松岗镇一侧正在着力修建变电站，在建设过程中，发现地下有考古遗址埋藏，按照《文物保护法》的要求，当地曾一度停止建设，转而开展考古发掘工作。既然要开展考古工作，按照惯例，便需要雇佣当地村民作为民工。在此问题上，村内已经形成默契，在民工雇佣时，需要优先考虑雇佣被占地的农户；如果被占地的农户人数不够用，那么可以去雇佣该土地所在村的村民；如果当地村的村民也不够用，那么再可以去雇佣其他村的村民。这无论是在直波还是周边村落，遇到类似的建设项目聘用短工时，均以此类推。对于建设方而言，其作为外来者本身无法区分劳动力彼此之间的差别，这种差别对其而言也显得并不重要。建设方也往往并不会直接与村民们接触，更多时候，他们还是会找到村集体寻求支持。而村集体在具体安排工作之时，也同样是遵循该类法则来行事的。

对于一个村落社会而言，这层关系的维系也并不能全然依赖于村民们更自觉性的浸染与学习，有组织性的集体活动已然成为维系这重重关系的一个不可忽视的重要手段。上文提及的节庆、锅庄以及婚丧大事，都是其中重要的例证。这些活动无论是具备官方组织色彩的，还是民间自发的，都在边界上有着清晰的界定。最典型的，例如直波村民自发形成的与松岗村民之间的区隔。再如，在度假湾这样的公共空间的开放上，尽管已经有了明确的外来承包商，但是在遇到直波村“自家村民”想要进入并举办集体活动之时，也通常会在规定之外有着更大的包容度。

再如，上文曾经提及的老年锅庄协会，每逢月底或节庆，有时遇到周末，也会有自发的聚会。而其之所以有如此程度的影响力，一方面，由于锅庄舞本身在嘉绒地区具有较大的普及度，入会的老年人不用专门学习都能够跳（当然，也正如上文曾提及的，这并不意味着所有会员都一定会参加跳舞，只有部分人会真正日常参与正式性的跳舞，其余人更看重其作为一种集体活动从而给自身带来的身份认同）；另一方面，也自然源于这批老年人已经不用再主力承担家庭业务，因此更加有“闲”；而再一方面，更是由于直波村内的老年锅庄协会在对外的比赛中时常能够获得名次，因此也使其成为当地人颇以为傲的一个集体，能够在一种内外比较中体现其自身独特的价值。实际上，老年协会聚会的意义远不在于舞蹈本身。除了日常的舞蹈活动以外，老年协会还会每年组织两次左右的聚餐，会员们一起吃大锅饭、聊天。这类聚会的时间通常持续一整天。上午的时候，会员们的主要工作是备菜，中午一起吃饭，到了下午的时候可以一边转经一边聊天，既能积功德，又能消磨时间。通常来说，转经结束之后聚会便会随之结束，不再在一起吃晚饭。这样的聚会，通常来说会将地点放在度假湾，但近年来由于度假湾的土地也被收走用于建设游客中心，村民们只能挪到新寺院的广场前来举办活动，毕竟这里比较宽敞。但是长此以往，这类聚会应当去向哪里，村民们对此也颇为焦虑。这样的聚会在某种意义上也是形成内部凝聚力的一种手段，要成为会员，才能有资格参加这样的聚会，聚会的愉悦和隆重也都在时刻提醒着会员们自己与外人有别的这种身份。

6.3.3.2 朋友与互助

在上文所述的关系中，内与外似乎都有一条相对清晰的界限，例如，行政边界、被占的土地、是否入会，等等。而与此同时，在村民们的日常交往中，还有一类界限感显得并不足够清晰但也更为常见的关系，这便是朋友。

在一个村落社会中，要成为朋友也是一件容易的事。上文我们已经提到村内丰富的集体活动，再加上“理不清”的亲戚关系，这都为村民们彼此的交往构成了条件。朋友这种友谊可以从“小的时候我们都在一起耍到大”开始，再发展到成年就业之后的各式互助关系。

在对一个村落社会的观察中，我们能够发现，朋友关系的形成也往往可以与特定的空间场所绑定在一起。

在我国的西南地区，为了晾晒农作物以及受地形关系的影响，大量的民居会在自家房前留出一片开放式的院坝。这样的院坝虽然有明确的私人属性，但是日常敞开，实际上也形成了村民彼此之间日常交往的一处重要的“公共场所”。然而，在直波村却有所不同。直波村的每家每户在建筑上依然留有院坝，同样用于农作物晾晒和日常休闲所需，但是，直波村民居的大门和围栏却是位于自家的院坝以外，因此让院坝成了一个相对封闭的对内空间，并不具备公共交往的职能。直波村在上一轮的风貌整治工程之后，由官方在村内特意打造了两处新兴的、相对宽敞的公共空间。一处位于南碉以北，一处位于新寺院以南，后者还配置了小型的健身器材。这样的场所很容易成为村民小型集会、跳锅庄舞，或者老年人或小孩游玩、晒太阳的空间。如此一来，其也在客观意义上增加了村民们彼此的见面、互动的机会，进而增进了村民们彼此之间的朋友纽带关系。

此外，直波村内还有一类重要的易于被我们所忽视的、发展朋友关系的场所，这便是茶馆。

对于今天的直波村而言，建立起友谊的一种重要方式便是“喝茶”。这并不意味着村民们对于茶本身有浓厚的兴趣或是十分的讲究，聚会交流的意义大过了茶本身。“喝茶”的方式也有两种。其一是纯粹的在农家乐、茶馆、度假湾等地方喝茶聊天。村民在“熟人社会”的作用下，通常不用相约，只要到了现场随机碰到谁，便能与谁聊起来。其二通常是伴随相应的棋牌娱乐活动。这种情况一般集中在村内较为固定的两处茶馆内。此时的聚集由于往往涉及小额的金钱博彩，村民们通常会选择跟自己更熟悉的“搭子”坐一桌。但总体来说，在这种场合实际上是最不区分内外关系的，无论什么身份，都可以坐在一起。上文曾经提过，直波村由于天气原因，下地做农活的时间经常安排在早晨或者傍晚，因此，下午或者晚上对于村民来说是更为有闲的时间，也通常便是“喝茶”的人数最多的时候。同桌“喝茶”的人到了晚饭有时也会再一起相约晚饭，时常由当天的赢家做东，以示亲近。对于村民们而言，“喝茶”最大的意义倒不至于是刻意去寻求一种社会关系的维系或组织一种“熟人”法则；从个人的角度，其行为的主要动机还是在于个人的需求，而在这当中其首要的便是一日24小时如何分配。所谓的“消磨时间”从某种程度上也是极具功能意义的，而如何让这种“消磨”变得更加丰富，也自是村民们所关心的。

在这个过程中尚值得一提的是，在“喝茶”的问题上，男女有别的传统也会体现出来。相对来说，“喝茶”的村民仍以男性居多，尤其是青壮年男性，以至于村内至今还有笑谈：“近年来由于外出打工的人多，茶馆里打牌的人还显得少。但如果是在5年前，茶馆里面聚齐了年轻人，谁家干活需要人帮忙就去茶馆里面喊，一定能找到可以帮忙的人。”相较之下，虽然我们上文讨论到家屋与房名的继承问题时，曾经提及男女无差的问题，但是当组成一个核心家庭之后，丈夫与妻子主职分工不同的观念在直波村内依然是存在的，只不过在“主职”结束之后双方可以互帮互助而已。而至于在“消磨时间”的问题上，费孝通曾经描述过在村落社会中男女之间分性别活动、同性之间交往更为密切的现象（费孝通，2018），这在直波村也能看到。女性“消磨时间”常是在家休闲，而“喝茶”则成为男性专享的一项活动。

当然，光靠“喝茶”并不能完全解释直波村民们之间的友谊关系。我们还能发现，村民们的友谊不一定是一种纯粹的个人情感式驱动，它在同一个集体的认同基础上，还与彼此之间的“人情”道德时常捆绑在一起。例如，在田地的耕作上，村民彼此之间存在一种自发的轮换互助制度。简单来说，若今天A户人手不足，需要人协助，有空闲余力的B户便可以出手帮忙，这种帮助与A户专门花钱雇佣帮手的性质是不同的，这种帮助不需要用金钱来衡量。由此一来，A

户便向B户欠下了一份“人情”，等到B户需要有人协助的时候，A户便自然需要偿还这份“人情”。这套规则在直波村不需要固定的记账工具或强制制度来确保执行，依靠的是村民彼此之间的自觉。与之类似的，村民建新房同样不是依靠个人便能完成的工作。上文我们已经提到，建房时村民会请专门擅长民居修建的施工队来主要负责。但是如若人手依然不够时，便可以叫上自己的朋友来帮忙一起修建。由于建房工作大多较为辛苦，主人会向这些朋友支付一笔辛苦费，但基本上均有“人情”的成分在里面，单价远低于市场标准。这种村内的“人情”互动在建立之初有一个基本的前提，即相对固定的人员组成和日常事项。换言之，耕田也好、建房也罢，乃至上文所提的婚丧大事也是同理，村民们之所以会保持较高的互助性，其中一个重要的逻辑便在于，这是几乎每个村民在自己的生命周期中都必然会遭遇的一件事项。“我今天帮了别人，等到我需要帮助的时候，别人才会来帮助我”，而这里所谓的“我需要帮助的时候”对于一个流动性有限的村落来说是大概率会发生的，而等到那个时候，那些与“我”发生了互助关系的人也仍然大概率尚留在村内，有迹可循。

此外，这种互助关系也并不仅发生在村内。随着直波村的日渐开放，村民们逐渐向外寻求就业机会，当村民们在外工作时，这种同乡之间的互助也时常有之。这个时候，支撑起这种互助的理由便不再如在村内那样是遵循一种人际流动的固定性，而是同属一村的认同感起到了更大的作用，是否是“村内人”会成为加强友谊的一项重要因素。既然同属一村，那么在村外的社会生活中自然更增添了一种纽带，这一点已经深刻地印在了直波村民的情感道德中。如果一名久居村内、并不在外就业的村民外出到了某在外就业的村民所在的城市，那么彼此打招呼、相互联系在村民们看来也是理所当然的。当然，这与直波村常年以来在外的就业渠道仍然有限也有关系。这背后所隐含的道理是，既然就业渠道有限，在外自然更需同乡相助。

6.3.4 小结

综上，从家庭到集体，再到村内的各式各样的社会网络，本章本节通过上文的记述试图对村内的各类关系予以一个基本的回应。那么，再回到本章本节的开头我们所提出的问题，我们应该如何描述这一系列的关系呢?

我们发现，直波村似乎有着更为“传统”的一面，例如，一种相对有限的生活范围、一系列不言自明的惯习与权威等等；但同时，我们也不应忘记，直波村同时也是一个受现代治理体系、经济模式、信息渠道和社会交往法则高度影响的村落，这在本章本节乃至上两节的记述中同样能够体现出来。因此，我们最合适的描述或许在于，直波村的传统与现代的特性是兼备的。

以直波村的情况来看，尤为值得一提的是，这种兼备的合理性在于，其在一个村落社会中是高度内嵌与自洽的。换言之，所谓“传统”或所谓“现代”等一系列看似矛盾的力量，在直波村并没有谁在刻意强调某一个侧面。村内并没有一个集中的权威主体来维系一种分家或者敬老的传统，也并没有谁真正在监督婚丧大事之时谁家到场、谁家缺席，村民们形成的内外观念也不是在一种专门的场合通过受教育而得来的。与之同时的，村民们对现代生活的向往和外部世界的认知也不是由谁刻意引入的。村民们“生于斯长于斯”，至少在现代意义的成年之前，他所面临的生活图景都是高度寄托于村落本身的，这构成了村民们与整个村落形成黏性的重要纽带；但这个村落社会本身便是具备高度的包容性的，它包容了来自时间意义上的过去的“传统”，也包容了来自空间意义上的外部的“现代”。村落内不需要一个明确的主体来就这些交杂的力量做出选择或平衡，村落整体形成的规范和村民们的个人抉择会合力在一起对此自发给出答案，是对传统的规范做出修正，还是村民做出退让，乃至村民离开村落，这个问题交给了村落社会本身，从而也在整体上形成一种自洽的局面。

作为遗产研究，之所以在本章本节的最后要专门提出这种包容性下的兼备，我是想强调：作为外来的研究者，我们时常以一种区别式的界限感来观察这类话题，但实际上，这条界限是否真实存在，抑或是我们心中所暗含的所谓传统与现代有别的假设才使得我们看到这条界限，尚值得进一步讨论。哲学家拉图尔有一部代表作被译为《我们从未现代过》，从某种意义上讲，直波村也从未全面传统过。

6.4 信仰与生活

直波村作为一处以藏族村民为主的村落，藏族地区常见的宗教信仰问题、长期发展形成的一系列神灵观自然也有明显的体现。本章的目的之一是为了展现直波村的整体生活，那么，这类精神信仰的问题自然是应该被专门讨论的。

从遗产研究的角度，这个问题无疑也是重要的。我们在今天的各式遗产名录中，神圣性或更为广泛的精神性的遗产实际上比比皆是。无论是在物质还是非物质的划分中，都能看到与之相关的诸多讨论。在这个过程中，遗产研究实际上也逐渐发展起来一整套面对这类遗产时的谨慎态度乃至独特方法。这或许也源于遗产研究从业者已然认识到，在遗产保护、利用、管理等一系列的工作中，最具挑战性的工作之一，便是当作为外来者的遗产话语体系试图介入到遗产相关的社区心目中最为神秘也最为尊崇的部分之时。

然而，在这些讨论中，仍然时常过于强调被界定为遗产的话语体系内的内容，或者过于强调这种信仰所具备的神圣性或独特性，而忽略了其与更广泛的生活图景之间的关系。本章本节的讨论也有志于弥补此类遗憾。

6.4.1 出家人的身份、信仰和活动

在讨论信仰问题之时，最利于我们入手的当然是一群有着明确信仰身份的人群。在直波村，这尤其体现在出家人身上。

在上文已有的讨论中，我们实际上已经数次提到出家人在村内各类活动中所扮演的角色。我们可以先来回顾一下上文散布在各个章节中已有的对直波村出家人的讨论。从上文的讨论中，我们已经能够看到：由于罗梧楞寺在遭到破坏之后村内的佛法行为实际上一直并不兴盛，所以村内的出家人数量不多；出家人出家之后，与原生家庭的纽带并不会就此中断，他们还可以继续支持原生家庭的经济事业，常与家中亲属走动；如果修行高深，出家人回到家中的地位还会尊于家中的老人；出家人最为日常的工作是需去新老寺院点灯念经，但一般只需一人即可，因此平时也并不需要所有出家人都留在村内；出家人在直波村要为村民的各类日常生活推算“重要的日子”，为“干净的地方”和经幡开光，在村民的婚礼和葬礼中全程有着重要的仪式性作用；出家人对于寺庙或宗教行为的知识往往更为丰富，但是也并不意味着他们便对所有的知识背后的“道理”和“原因”都熟记于心，更多时候还是带有仪式操演的色彩。

这些讨论已经能够帮我们建立起对于直波村出家人事务和日常生活的基本轮廓；但仍然有诸多细节有待补充。这些细节能够有助于我们从这样一种专职的“神职人员”的生活和“工作”入手更加全面地理解这样一个村落社会的运转机制以及直波村民的神圣与世俗观。

在直波村，成为一名出家人的动机和过程是复杂的。老一辈的村民们通常希望在自己的亲生子女中，至少有一名出家人，这在村民们看来是一件“对自己好的事”。当然，这件事也并不强制。家人通常还是要从孩子年幼时便明确其是否有这方面的意愿。如果家中下定决心要将孩子往出家人方向培养，最正式的途径便是要送孩子前往佛学院念书。这也是今天村内判断一个人是不是具备出家人这项身份的最常见的标准。对于直波村民而言，最负盛名的便是青海安多地区的佛学院。村民们说，按照当下的规定，佛学院学习通常需要10–15年的时间，由上师决定自身是否算通过毕业，学习的内容主要围绕在佛学相关的理论层面。毕业之后，出家人可以回到村中寺院继续修行，当地出家人将这个过程表述为一个“从理论到实践”的过程。如果一名出家人内心时常顾念原生家庭中的情况，或者修学过程中的学业也实在不好，或者心生杂念，也可以选择还俗，通常称之为“请假”。只要其上师允许，这便是合理合规的。但是，在直波村民的观念里，还俗对自己和原生家庭的家人实际上都“不好”，毕竟，一入佛门便代表了你应该一生便是一名念经人。

出家人回到村中寺院之后，可以选择住在寺院里，可以选择住在原生家庭的家中，也可以选择另建一处房屋。如果住在寺院中，其基本的住和吃便都能随寺院得到解决。而如果想要单独居住，在直波村的土地划分中本身便专门划出了一片以新老寺院为核心的宗教用地，出家人建房通常便建在这片范围之内。在这种情况下，建房所需的资金和劳力都主要由原生家庭成员来负担。村里人常说，如果是为出家人建新房，那么在上文所提及的一系列土地审批程序，也会显得更加宽松一些。如果是选择回到原生家庭的家中，原则上，出家人不能参与任何形式的家中劳动，由家中亲人负责供养出家人。供养一名出家人包括了如上文所说为其建房，也包括了承担起出家人的日常生活费用，这在直波村民看来既是出于“一家人”的情谊，也是为自己增添功德。当然，这并不意味着出家人会将自身生活压力全部都转移到原生家庭中。出家人实际上每次替各户人家进行各类形式的念经、推算等宗教活动，均是可以收取一定的费用的，具体价格根据该活动的复杂程度以及对方人家的富裕程度而不同；出家人也可以再发展自己的俗家弟子，俗家弟子也应出钱出力供养自己的“师父”；出家人如果依附在特定的寺院，还可以从寺院接受的青油等捐赠中分到少量的个人所得，用村民们的话说，这类似于“工资”的意义。因此，出家并不意味着一定会贫困，但至于其收入高低，与出家人的活动轨迹能够有多大是直接相关的；而出家人的活动轨迹的问题，又取决于出家人自身的人脉、名声、其所依附的寺院的名声以及自身所处的级别等因素。如果一名出家人名气较旺、积淀深厚，其年老之后大多会有寺院或者供养人来照顾其生活；但如果只是一名普通的出家人，其年老之后主要还是需要看原生家庭的叔侄后代是否愿意承担起供养义务。出家人去世之时，按照直波村的习惯，通常会为出家人选择火葬。火葬之后，部分人会选择把骨灰放回原生家庭的墓地，部分人会选择撒到河里，也有部分人会选择送到印度或者拉萨的尸陀林，以示终了。

如果成了一名出家人，这便意味着要遵循一系列的戒律清规。根据直波村内的一名出家人的口述，在各类清规中，所谓“五戒”是最为严格的，被视为“根本”，“根本”以外的其他分支戒律则可以因人、因地区而异。“五戒”是指“杀”“盗”“淫”“妄”（指妄语）“饮”（指饮酒）。其中，前四项又属最为“根本”。而所谓的“淫”这一项，对于“严格的出家人”而言，意味着不允许结婚；但是对于“在家居士”而言，则可以结婚，但是不可以在婚内有着出轨等不忠诚的行为，而离婚之后再娶则是可以的。通常在汉族地区所流传的出家人不吃肉荤这一项在直波村当地反倒是没有过于硬性的规定。甚至村民们回忆称，早年村内物资匮乏，没有蔬菜只有肉，那时为了生存，吃肉便自然是允许的。

既然要成为出家人，念诵经文自是其必备的功课与能力，而藏传佛教的经文均是以藏文书写，这也意味着出家人大多都能使用藏文。但是，这并不意味着所有的出家人便一定能明白其含义。村民们说，若需要明白其含义，至少需要在上文提及的佛学院内学习好理论，才能读懂乃至翻译。但是就算不能读懂经文，也并不妨碍出家人的日常工作。因为在普通村民和当地部分出家人的理解中，即便不读懂经文，但是只要将经文念诵出来，便依然是有功德可言的。按照当地部分去过佛学院的出家人的解释，这些经文含义实际上可分为两类，一类是道理、理论性质的佛经，一类是修行、实操层面的仪轨。但其实对于村内部分的出家人和村民而言，他们并不在意这一类区别，他们只需要按照某些要求、在特定的情况下遵循某些做法或者禁忌即可。

上文我们曾提到罗梧楞寺一直被尊为嘉绒地区最早的宁玛派寺院，在直波村民现在的信仰体系中，宁玛派也是其首要的选择。但是对于直波村的大部分村民乃至出家人而言，他们其实都不太清楚宁玛派与格鲁派、本教等其他宗教教派之间的区别。在转经的时候沿顺时针或逆时针顺序等仪轨层面的内容在他们看来是对这些教派加以区别最好的标志。但无论如何，既然是信仰宁玛派，那么莲花生大士的地位在直波村的信仰体系中是独一无二的。在直波村出家人的家中，莲花生大士通常居于供奉的中心位置，旁边常见的神佛有释迦牟尼、文殊菩萨、阿难迦叶尊者、度母等。

而在这套流行于直波村的信仰体系中，黑金刚的地位又显得十分重要。在前文我们提过在老寺院的核心位置所供奉的正是一尊黑金刚的塑像。而在老寺院的西侧又有一块表面通体黑色的石头，直波村民将其与黑金刚联系到一起，在神石之旁再立一尊黑金刚像，从而直接将其称为“大黑金刚神石”。村内惯于每年农历初三在此地煨桑，以代表对其供奉。这块神石的神圣性源于当地的传说，认为这是一块“伏藏”。按照直波村当地的解释，这块神石是由于毗茹札那途经直波村时，感到在直波村传教的机缘未成熟，因此将经书藏于石中，等到后世取藏者（按藏传佛教的说法，其通常便为莲花生大士的化身）来取经释文。这段解释也是今天常见的学术研究中关于“伏藏”的内涵的解释；当然，对于直波村的村民乃至出家人而言，其在口头自然不会对该石有如此详细的解释，其常提的便是“今天和尚们念的经书都是从这块石头中取出来的”。此外，直波村内还流传有传说，如果在日子特别“好”的那一天，还能够在该金刚石上看到经文显现。有了这一系列的说法之后，村民们说，早年间村内几位较为富裕的村民集资从这片土地原本的主人手中买下了这片土地，以做信仰用。再后，据传是2018年之时，曾有活佛路过此地，对其进行过开光，从而进一步加深了该金刚石所肩负的神圣性功能。因此，在今天的金刚石前，村内专门设有点灯、供奉清水莲花、煨桑等设施，金刚石与老寺院之间还专门设有一处供点灯用的房间。在前文提到的出家人日常点灯的习惯中，这里也是不能被省略的一处。但是，至于黑金刚究竟是谁，他在神佛体系中到底扮演着怎样的角色，直波村内的村民乃至大部分出家人都很难将其解释清楚。实际上，就整个直波村而言，神佛体系的问题一直都显得不那么重要，除了莲花生大士的至高地位、黑金刚的广泛认可度之外，当地的出家人也曾解释到，其余的神佛像想要供奉哪个是可以由供奉者自行选择的，看供奉者自己更“喜欢”哪个，想祈求哪个神佛所管辖的内容。对于更普通的信众来说，如果分不清楚各个神佛的专攻，那么就都供奉上便行了。当然，这里所谓的并不重要也仅是限于在日常供奉和道理讲述时，直波村的出家人们显得并不精通；但是在具体的仪式顺序上，出家人还是会遵循一套传统中已经习已为规的体系顺序，从不敢僭越。

此外，藏传佛教对于师承关系极为看重。因此，出家人通常均会在自己家中供奉自己上师的画像，尤其是“最直接”的上师和“最根本”的上师。在直波村，一名出家人的级别可以分为和尚、活佛、博士、喇嘛，级别之间的晋升由上师决定。但是对于直波村这样相较于其他藏族地区而言佛法尚不兴盛的村落而言，在各级别之间，村民们自身也时常并不能分清究竟谁是谁。只不过，在村民日常的意识中，也仍然会提及，只有当成为喇嘛之后才是“真正的出家人”。村民们也曾记得，一直流传，直波村历史上曾经降生过多位有名的活佛，但活佛降生之后便会被带到相应的寺院去，不会一直在原本的村落里面活动，等到活佛成长到一定阶段之后，也可以到别的村落去开创新的寺院，因此与村落本身的纽带并不强烈。目前村内最高级别的出家人便是上文已有提到的一名博士，其常年也并不在村内活跃，只是等到冬夏两季集中法会之时才会回村。

上文曾经提及新老寺院每一日的固定念经的人选，是在寺院内部轮流进行，一年一次轮换，不存在推选的问题。由于这种念经带有替全村人祈福的意义，因此原则上不可中断。如果偶尔遇到特殊情况或该位出家人本身不会念这套经文，那么也可以自行协商，请别的出家人来代替自己。而如果今年本身并不轮到自己，那么该出家人在当年的行程便是自由的。如此来，这实际上便已经涉及寺院内部出家人的组织和管理问题。在直波村，寺管会制度是一套重要的管理制度。这个管理委员会带有极强的官方性质，其与上沟通便是镇、县、市等一级的宗教局。对于村民们日常或偶发的宗教活动，上级部门通常不需要过问。但如果是涉及人数较多的重大集会的时候，例如法会，便按规定通常需要提前40天提出申请和报备。寺管会主要由出家人组成，出家人投票选举产生委员和会长，会长通常便是寺庙中级别最高的出家人。按照官方的声明所指，寺管会除了传达党和国家的宗教政策、加强教育、维护民族团结之外，可自行按规定处理自身的宗教活动和日常事务，健全财务制度，维护寺内日常的建筑、文物、安全等工作。政府部门在原则上也不会干涉寺管会的日常运转，只不过，当地的宗教管理部门每年会派出相应的管理人员到寺院来具体登记今年选举出来的人员，以便于日后开展工作。近年来较为明显的由地方政府向出家人做出的一项号召在于：如果有游客来参观甚至拍照，出家人原则上都应当允许、配合。

出家人在村内要承担的宗教活动，最具集体性、也最为隆重的便是法会和修搽搽。

在直波村，法会的时间通常是每年的藏历4月15日与10月25日，尤以后者最为盛大。藏历10月25日是宗喀巴大师的圆寂日，整个藏族地区均会普遍性的举办集体活动。在法会期间，出家人需要严格遵守斋戒法则，上文提及的日常活动较为自由的出家人在这两次法会期间均必须要回到村内。这也包括了村内出家人中级别最为显赫的博士，法会之时需要由他来主持具体事务。普通出家人如果不回来，甚至需要接受以天为单位的罚款。冬季法会延续时间通常为7天，前4天念经，后3天“跳神”。念经的内容据当地村民说，以祈求长寿、超度、解脱，祈求个人、村落乃至普世的安康为主。而至于这里所谓的“跳神”，主要由特定的表演者戴上面具，口念经文，在一定的节奏和法乐中起舞。这样的仪式含义对于村民而言虽然依然说不清楚，但是在当地村民心中却是极为神圣的。能够有资格戴上面具来“跳神”的只有当地的出家人。“跳神”之所以要跳三天，部分村民解释为：第一天、第二天都是练习，由职阶较高的喇嘛来负责念，职阶较低的和尚来负责跳；到了第三天才算作是正式的仪式，整个仪式代表为村落祈福、保佑村民、迎接和平。在直波村，通常而言，“跳神”的时候戴上面具的出家人只有两位。前文我们曾提及老寺院内所供奉的唐卡，常年以帷布盖之，而在法会的最后一天，唐卡会从新寺院的房顶垂挂而下，面向世人，也示仪式正式到达高潮。

这样的法会对于所有村民来说都是盛事。整个法会期间，村民们可自愿选择是否参加。如果不参加，那么在这几天内，则如日常一般正常生活；而如果参加，这是“对自己好的事”。不过即便是参加，村民们所参加的程度也可有所不同。村民们可以选择在这7天之内严守戒律，行事如出家人一般，如此一来，所积攒之功德自然也是最大。或者，村民们可以选择只去最后三天；甚至，只去最后最为隆重的一天。在这一天，基本全村的村民均会到场；并且既然要以示隆重，那么来参加仪式的村民们也要着藏装、脱帽。在这一天会有赐福环节，村民们集体下跪，等待出家人将恩泽分到各自身上。在仪式结束之后，村民会向“跳神”的出家人敬献哈达，以示来自村民们的感激之情。出家人也是欢迎村民们尽可能多地来参与到仪式中的，原因在于，这在出家人眼中也有“共修”的含义，有助于出家人的功德加深。之所以要“共修”，以及为村民乃至普世祈福，出家人认为，这与大乘佛教所论的普度众生的观念是相关的。不过，据当地的出家人称，实际上直波村的信仰尚不足够兴盛，因此，这样的法会在盛大程度上比周边各村都尚有不足，出家人们也只能是“念经”，跟别的村里面所进行的“讲经”还是有所不同的。

除了法会以外，在直波村内另一项较为隆重的集体性宗教活动便是所谓的“修搽搽”。在藏传佛教的普遍理解中，搽搽通常为泥塑，大小如人手掌心，形似佛塔，也属于一种小型的法具。在上文我们对葬礼的讨论中，已经提到搽搽。日常生活中，村民还会将搽搽放于“干净的地方”，以示对佛的供奉。直波村内会选定特定的一天集中村民“修搽搽”，实际上也便是号召村民们来集体捏此泥塑。在直波村民的眼中，每修一个搽搽，便多积攒了一份功德。而同时，在直波村出家人的解释中，这也是一项忏悔型的工作。“修搽搽”当天，村民们会集中到一个公共用地，集体工作。一般来说，这项工作只需要一天的时间便能完成。村民修好搽搽之后，出家人会来到现场，伴随佛乐为其念经开光。开光之后，正式仪式便告结束，搽搽就放在原地即可，不需要再有人去看护，任其随风雨冲刷自然消逝。

6.4.2 渗透在日常生活中的信仰

上文我们的讨论围绕着出家人而展开。接下来，我们将再转换一下视角，将讨论的重心放在普通村民身上。这样可以帮助我们站在村民们日常生活图景的角度，去理解他们如何“贯彻”自身信仰的。

我们的讨论将从四个不同的层面来展开。

6.4.2.1 借助于物

在直波村所能见到的村民们的信仰活动中，有大部分需要依托于特定的建造物或物品来完成。这些物品构成了仪式过程中必不可少的元素，也使其在村民们的世界观中具备了超出于其物质属性本身的寓意。

在这当中首要常见的便是村民们常提的“塔子”。塔子可看作是在藏传佛教地区所普遍信奉的一类神圣性的建造物。塔子，根据直波村民们所说，藏文又可被称为“qiobuding”。在村民们的日常理解中，塔子所起到的作用无外乎是保佑、吉祥。这就跟村民们无法区分神佛体系、均称呼其为“菩萨”类似，具体什么样的“菩萨”保佑什么样的事项，什么样的塔子对应什么样的事项，村民们都很难讲清。村民们将此类问题的解释权都交予了村内的出家人。而据直波村的出家人说，塔子这种形态本身是从印度传入的，在整个佛教信仰地区均较常见；塔子是供奉释迦牟尼的，通常有8种形态，对应释迦牟尼的“八相”；建塔子时，大小比例在经书里面均有规格限制，可等比缩放。建造一座塔子，需要耗时、耗钱，同时也是一项神圣性的活动。因此，除了要请出家人念经开光之外，在修建塔子时，通常内部还需要埋入经书、柏树枝，以及当地村民们日常的食物、少量日用品。

而建造“塔子”的原因，就直波村的情况来看，可至少细分为以下三类。

第一类是集体性质的，作为身份认同和集体信仰的一种标志，对于一个村落而言至少会在全村修建一座塔子，全村村民都可以去绕塔子转经。这种建设通常由全村集资完成，或者由村内的有钱人，或者某一高僧大德主力投资来完成。即便是集资，这个过程当然也全凭自愿。上文曾有提到，围绕塔子转经是有功德的，而建塔子同样也是积攒功德的一个过程。由于建塔子所需要付出的努力更大，因此其积攒的功德也自然更大。对于个人而言，如果没有相应的金钱，那么在塔子建设的过程中付出劳动，也可以积攒相应的功德。这类塔子在选址上通常集中在村口、路口或村内核心的集体用地上。直波村内体量最大的两座塔子当属此类。其位于梭磨河边，度假湾下游。这两处塔子是由出家人出资和私人资助共同修建的。一座完全由经书板砌成，另一座由石块砌成，石块外再放经书板，两座塔子内部均埋有经书等神圣物。这两座塔子外还匹配有进贡、点灯的设施。村民们说，塔子和点灯实际上并不一定是固定搭配，只是由于近年来村民们日渐富裕了之后，便更希望将全套仪式做足。

第二类塔子则完全是个人性质的。这里面又可以细分为两类，一类仍然是因为个人想要积攒功德，另一类则是因为家中有类似于亲属凶死等极端事件发生，需要超度亡灵、改变风水、免除灾祸。这类塔子因其主要面向个人，因此在选址上通常距离自家住房并不会太远，或位于房屋背后，或位于比房屋更低矮的院坝处。掌握这类计算法则的自然也是村内的出家人。同时，作为一种具备神圣意义的建造物，其自然又要选择在一个“干净”的地方。从目前来看，直波村内目前可见的这类塔子也会分布在邻近居住地但又未开发的半山坡、荒地等处，借此与村民们的生活场所保持一定距离的地点。受财力的限制，在一个村内，通常是集体建造的塔子比上述个人性质的塔子要大更多。个人在建塔子的时候，如果既因财力有限而无法建造一座大型的塔子，又担心过于小型的塔子效力不够，那么可以在数量上多建。在直波村附近的山间能够看到的并排小塔，大多属于此类。此外还值得一提的是，对于个人而言，如果是出现了上文所述的凶死等情况，建塔子也并不是唯一的办法。例如，直波村内有一户门前设有一处小型、私密的经房，内设一处转经筒。村民们说，这是由于这户人家的小孩不幸早亡，生者为了表示哀悼，也想为家中亲人和死者积攒功德，因此拿出葬礼所得的部分礼钱，建此转经筒。究其核心，无论是塔子还是经房，其体现的都是以一种成型的、具备神圣寓意的建造物为不幸之人积德往生，同时庇佑在世者的寓意。

第三类塔子在形制上相较于上文已述的情况而言更有一项明确的特征，即内部中空，主要是承担在特定时节煨桑之用。这类塔子常见于直波村的集体墓地、新老寺院门前、山神崇拜处，是构成仪式环节必不可少的一个功能性设施，选址上也自然与神灵、往生者更为靠近。

此外，在直波村内还有另一类与“塔子”有所类似但又有所不同的建造物，即“玛尼堆”。这同样也是在藏传佛教地区常见的做法。玛尼堆所传达的同样也是一种以日常行为积攒功德的逻辑。与塔子的专门建造有所不同，在玛尼堆所传达的理念中，其建造过程本身就是一种功德的随缘累进的过程。不确定范围的信众可以自由通过捡拾石块、石片乃至石子，将其在一个集中的地方堆砌，石料不断增加，便代表着功德不断累进，同时也有祈福的效果，最终得以形成“玛尼堆”。堆砌之前，信众可对着石料许愿，再念诵八字真言。如果是更有诚意的信众，可以将八字真言甚至更为复杂的经文刻于石片之上，再行堆砌。当然，如果要选择在石片上刻经文，那便需要专门的出家人来操作，毕竟经文的文字书写是有专门规范的。

虽然通过上述讨论，我们能看到“塔子”与“玛尼堆”在建造理念上的不同，但是，当这二者都出现在直波村这样一个“佛法不兴盛”的村落之时，对于直波村民而言，实际上也开始出现高度融合、混淆的趋势。在直波村内，曾有一处玛尼堆位于村口南碉附近。村民们回忆，这个玛尼堆原初也是自发堆砌而成，但后来随着村落的环境整治工程的推进，实际上已经用水泥对其内外进行了修整加固，再加上村中路边大道已经修葺一新，因此也没有路边石片可以再用来往堆上新添。再要新添，无外乎是地面寻一些小型的石子罢了。村民们还在该玛尼堆的上方修造了一个点灯的位置，以及加盖了一个类似于“塔子”的铜质顶部。如此一来，部分村民也索性直接将其称为“塔子”。

无论是被称作“塔子”还是“玛尼堆”，对较为虔诚的直波村民而言，凡经过此地，都会顺时针绕圈行走。这对于他们来说也是在日常生活中增添一份功德的方式。直波村民们认为，塔子和玛尼堆完成之后，是不可以再被移动或侵扰的。即便是个人性质的塔子，屋主即便已经搬走乃至房屋废弃之后，其他村民原则上还是不会去打扰这个塔子。这一来是考虑到塔子下方埋藏有经书，不宜侵扰；二来当地也有说法，每个塔子都有咒语庇护。曾经有一家人为了建房子用了塔子的石料，后来这户人家世世代代受到诅咒，疾病缠身。直波村在这一点上极为严格，修路建房都要对其回避。当然，村民们也曾回忆称，松岗、直波村民在极度灾荒的年份也曾盗掘过土司家的塔子，变卖塔子内埋藏的珍宝、金属以换生计。这实际上也并不难以理解，毕竟，凡事均是要让步于生存的。

与塔子或者玛尼堆时常共同出现的另一类神圣性的物品便是经幡。在直波村民的眼里，这种“共同出现”实际上倒也没有什么特定的规定，毕竟我们上文已经提过，经幡需要“干净的地方”，塔子或玛尼堆也需要“干净的地方”，而挂经幡自然需要一处相对较高的支撑物，因此，将其与塔子或玛尼堆绑在一起，便也自然更为方便合理。当然，这并不意味着经幡仅出现在有塔子或玛尼堆的地方。直波村的各家住房顶部、村内各主要交通要道也均会有经幡的出现。我们上文已经提过经幡的祈福性功能。按直波村民的说法，自家住房内所挂所插的经幡自然是为了庇佑自家平安、顺利；至于交通要道的经幡，则主要表示对路人的庇佑。在直波村中，能看到村民们对于经幡的用途已经十分泛化。家中有人要远途出门、有人身体抱恙、有人要考学就业等种种世俗生活中，均可以通过挂经幡这种形式来祈福。如今，经幡能够非常方便地从市内的商店等地方购买。但是如前文所提，经幡一定要经过出家人开光，并且，经幡使用的场合与时间、是否适合特定的对象，同样也需要出家人的核算。这都从另一个侧面体现了村民们对出家人的依赖性。

与这种依赖性相呼应的自然便是村民们自身对于经幡有关知识的模糊性。实际上，更具体地来说，按照整个藏传佛教地区的习惯，经幡颜色不同，经文内容不同，所针对的祈求的内容也有所不同。但这套分类和对应关系对于直波村的普通村民而言同样是陌生的。他们能大致说出经幡基本有平安经、辟邪经等分类，熟知经幡的使用有一个通识性的原则，即我们在上文已有提到的，经幡一定要达到悬挂，让其随风舞动的效果，这样才会有风吹动经文，达到风替信众念经的效果。同时，村民们也知道不同颜色的经幡适用于不同的场合，例如，各家各户插在门前的白色经幡旗，是辟邪用，这类经幡在使用时需要注意，阳光照射时，其投影不能落到自家房内；黄色、蓝色的经幡经文可以分别对应文殊菩萨、财神、长寿、六字真言等不同内容。部分通识藏语的村民能够看懂经文的字面意义，但无法进行进一步的阐释。对于直波村民们来说，对于这类知识具体的阐释和判定都交给专门学习过的出家人即可。

6.4.2.2 功德的积攒

在上文的讨论中，我们实际上已经反复多次提及功德的问题。在直波村，出家人常提，在宁玛派当下的教义中，即便不出家，也强调人人“心中有佛”，因此，村民们继续自身的世俗生活与成为一名信众之间并不矛盾。只不过，这二者之间毕竟总有一些约束和规范，村民们也需要用一些行为来体现自己的信仰，尤其需要一系列的计算方式来预估自己的信仰可以为自己所带来的效用。在这当中，功德这一概念便显得尤为重要。它构成了直波村民在一种有信仰的状态下开展其日常生活时，在神圣与世俗之间寻求平衡的一道重要标尺。

关于功德的积攒，在直波村最常见的日常行为便是转经。转经这种行为，实际上也是藏传佛教流行地区常见的一种做法，转经的次数越多，所积攒的功德也会越高。因此，部分村民在转经时还会在地面捡起小石子，每转一圈，在转经地点附近放置一颗，以作计数之用。转经的过程中，若能口念经文，则也会加深功效。至于转经的地点，主要是转经筒和塔子。在直波村内，最主要的转经地点集中在新寺庙，因为这里有最完备的转经筒。常去转经的人，通常是村内老人。这一方面是由于老人们认为自己已是暮年，转经可以保佑自身在去往来世之时少受痛苦，往生到更好的人家；另一方面，村民们也常提，老人们时间最为富余、最为“有闲”，因此自然是他们转经更多；此外，老人们还会提到，之所以来转经，也是一种锻炼身体的方式，“走走路、活动筋骨”。实际上，老人们转经通常不会是个人行动，也常约上伴侣或朋友一同，因此也在一定程度上带有了社会交往的意义。

此外，村民们还可以手中持有一串佛珠，日常生活中只要在自己愿意时，默念佛经、转动佛珠，便也同样视为在积攒功德。在这个过程中，每天念多少次完全遵照个人的意愿。这里所谓的佛珠，同样在日常的商店便能请到。当然，直波村内也会流传，如果有道行更高的出家人开过光的佛珠，那么其增添的功德量会更多；而如果佛珠中还掺杂着高僧大德的发肤等，则功效更甚。请一串这样的佛珠，并不一定需要支付额外的费用；但是请了这样的法具之后，必须向出家人在信仰层面做出更高的承诺，例如，必须要念足10万次的八字真言等。

在直波村，关于村民们念诵的内容，实际上也只需要念诵最简单的八字真言即可，并不需要真正按照经书来系统学习。村内除了信仰特别虔诚的村民以及出家人以外，其余村民实际上都不会真正使用经书。当然，这个过程中也存在着一个功德量的问题。如果只是最简单的八字真言，那么其积攒的功德量是相对较少的；但如果能够系统学习经文，随着难度升级，其积攒的功德量便更多。要想系统学习经文，首先第一步要学会如何念诵，但是正如在本章上文所提到的，直波村内的大多数村民虽然日常交流为嘉绒藏语，但是，嘉绒藏语与标准藏语又有所不同，并且村民们在书写上还是多用汉字，因此当村民们要学习经文时，头等难题便是学习认读藏语文字。在认读的基础上，如果还想进一步扩充功德量，那么便是要进一步升级难度，即理解经文的具体含义。这一点对于专职的出家人来说都是需要在佛学院跟随上师学习的，村内的大多数出家人都不能掌握；因此对于普通村民而言，更也不愿往这个方向发展了。如今，为了能够将经文念诵出来，积累更多的功德，村民们建立起了近100人的微信语音群，从藏文拼音开始学起，每日有出家人在群内语音念诵、为其示范。

再者，与功德有关的另一问题便是戒律。上文我们曾经提过直波村的出家人所遵循的戒律规范，这套规范严格来说对于普通村民而言并不强制，但是部分虔诚的村民还是会以较为严格的戒律来要求自身，并以此作为积攒功德的方式。例如，部分村民认为，家中饲养的奶牛在年老之后，应该带到山里面去放生，任其自然死亡，从而不要把业障积累到自己身上。

此外，积攒功德的另一种方式是面向神佛进行直接的供奉。最为直接的便是请出家人为自己去村内数个集体性的信仰地点点灯。为了让这个过程变得更加便利，直波村民们已经自发成立了一个微信群，尤其是部分在外的年轻人，可以通过微信群内转账的形式，请常年在当地的出家人收钱，然后替他们进贡酥油灯，并在礼成之后拍摄小视频发还到群中以做验证。这个过程也被称为“随喜”。相较而言，更为复杂的方式便是村民们在特定的时间去到更远的、神圣性更强的圣地或者寺院朝拜。直波村民常提的两处朝拜中心为昌列寺与观音桥。而观音桥之所以在直波村显得额外受重视，也是由于当地流传着一个传说：松岗山后的一位大神曾经长期庇佑松岗、直波当地，但后来，大神已经移到了观音桥一带修行，因此，观音桥自然对于直波村民而言更显亲近。值得一提的是，去这些圣地或寺院朝拜，在直波村远远没有形成集体活动，而是相对自发，取决于自身的富余时间，因此常是在冬季农闲之时。

综上，我们可以直接看到在村民们的诸多行为中所体现出来的对待功德的态度。那么，这种功德观为何在村民们心中获得如此广泛的认同呢？

村民们常提的因素主要在于以下两个方面。其一，再次回到身份认同的问题上，这种功德观与藏传佛教、进而与村民们作为藏民的民族身份是紧密捆绑在一起的。在一个村落社会中，这已构成了他们历代传之、众人皆守的一种规训。作为个体，只要认同了自身的民族和村民身份，便等同于认同了这样一种功德观。这意味着这种功德观的原理对于村民们而言均显得并不重要，甚至也并不一定要用灵验与否来加以验证。其二，这种功德观在村民们看来兼备了实用性和便利性。村民们常提，功德对于他们的今生与来世均是有利的，并且这种有利并不局限在某一特定的方面，它可以向生活中近乎所有的事务衍生开来。并且，至少从直波村内所流行的功德观来看，它对村民们日常生活的要求已经十分便利，不会给他们的世俗生活增添额外的负担。多一份信仰，似乎多一条途径帮助其解决生命周期中会遇到的一系列难题。同时，还应该注意到的是，这种功德观在行事上大多凭自愿，并且这种自愿并不需要付出太多的成本。除非是在极端的情况下，否则，就算村民们忽然在某一时刻暂停了对功德的积攒，过去的功德会依然存在那里，等到你下一次想要继续积攒时，往上累积便是。或者，在某一时刻村民们出现了某一对功德有所减损的行为，那么也可以通过下一时刻的其他行为来弥补，这之间形成了一种加减法的关系。

6.4.2.3 人生历程

从一个村民的生命周期的角度而言，一种信仰的存在还为其在生命周期中的各个不可避免的人生历程提供了重要的时间参考和行为规范。

婚丧、建房乃至节庆等在上文已经出现过多次了。这些情况更普遍化来说，实际上也都存在一个所谓的“算日子”“算禁忌”的问题。“日子”和“禁忌”并不是完全对等的两件事，但又常捆绑在一起；而掌握这个计算的权力的，自然便是出家人。出家人“算日子”主要是根据藏历而来，按照直波村出家人的说法，藏历本身便是根据释迦牟尼的经书推演得出的，得出了这套历法体系之后，便可以据此推算天象、指导人们农耕等。在“算禁忌”的过程中，从直波村的情况来看，汉藏两地文化交融的痕迹已经开始显现出来。例如，在“算”的时候，常见的一个重要参照便是生肖。上文提到葬礼的时候已经提到过这个问题。除此之外，在夫妻双方成婚之前，想要判断双方是否合适，也要请出家人来计算一番，其所考虑的因素也包括了生肖。村内还常提及本命年诸事不顺等提法。但是，对于直波村的出家人而言，他们会拒绝将生肖看作完全是来自汉地的传统。他们已经发明了一套藏文的诠释方式，将其与藏历的推演结合到了一起；当遇到生肖不合或者在本命年期间有灾难时，也依然是靠念藏传佛经的方式来化解。

在直波村，家中如果是要建新房，在挖地基的时候，房屋的朝向、建设地点都需要请出家人来测算、念经。通常，在房基动工之前，需要用瓶子装上五谷、铁铜金银等材料，经过出家人念经之后，装入经书，再用彩布密封，最后埋入地基，此后才可开始正式往上建房。等到所有建设性工作完成之后，还需要再请出家人来家里念一次经，以示驱走邪恶。

婚丧的习俗我们在上文已经论述得较为详细了。除了上文已述的在今天的直波村依然大量普遍可见的做法之外，直波村民还提到，对于较为讲究的家庭而言，若是家中亲人去世，人死之后要先请专人来帮忙洗尸体。洗尸体的人一定不会是出家人，而是专门受过训练、来帮忙的村民。洗尸体的时候，洗尸体的人要用一块白布，沾上白酒，在尸体身上自上而下擦拭，主要是针对手、脚、脸这几个部位。擦完之后，这块白布要放在尸体旁边的木板上，下葬时一并埋进土里。主人一般会提出给洗尸体的人一笔钱，但是洗尸体的人一般不会要这笔钱。这种做法在程序上看来类似我们今天常提的“入殓”，但其含义却比替死者整理妆容更加丰富，带有替死者洗去尘世怨念、干净去往来世的含义。这种洗尸体的工作不存在太大的技术难度，但是村内愿意做这件事情的人依然是少数，在大多数人眼中看来，还是觉得这件事情“忌讳”，这也是为何今日的直波村这类做法已经不再常见的原因。

此外，家中亲人去世之后，部分经济条件较好的家庭还会选择请出家人给死者念经念满49天。所谓49天，是从死者去世之日开始算起。而之所以是49天，村内出家人说，这对应的是佛教中“中阴”的概念。每一个死者根据自己的生辰八字，要念的经的内容也有所不同。但是总体来说，其背后所代表的寓意大多是一致的。村内出家人提到，亡灵在死后的世界一片黑暗，意识也会被无限放大，能够听懂各色语言，穿越各地空间；但是，此时随着感观的放大，即便看见往生的光亮也会因为害怕而不敢跨过。在这49天内，亡灵还能继续听得到尘世的声音，因此出家人继续为其念经实际上也是为死去的亡灵指引超度的道路，说服亡灵鼓起勇气、跨过光亮。这同时也从另一个角度解释了，为何在直波村村民的观点中，49天后便无需再为亡灵念经祈福；因为，49天之后亡灵既然已经投胎成功，那么再念佛经也是没有意义的，亡灵也不会再听到。在这49天中，家中每天需要烧糌粑、点酥油灯。当然，是否要完全念满49天，还是以7为单位，仅念足部分阶段即可，这可以由生者根据自身的经济状况来决定。村民们说，由于他们的生活日渐富裕，近年来选择这种仪式的人已经逐渐增多。

虽然49天之后，村民们大多相信亡灵已经投胎，但是其还是会与汉地类似，在特定的时间为亡灵扫墓上坟。通常来说，清明节和春节是直波村村民们集中给自家亲人上坟的时间。如果出家人有时间，村民们经济富余，则也会尽量请出家人到现场来念经，通常念经的时间为半小时到一小时左右；但是如果出家人们不能到场，村民们也可以焚烧一种写有经文、市面上可以购买的纸来作为替代。实际上，按照嘉绒藏族传统的做法，这种祭祖活动时应该焚烧干柴，等到干柴碳化后再放上糌粑、酥油等吃食，再混合上述的纸，一起焚烧；但是近年来，随着汉族文化的影响，直波村民们也开始用更为简便的烧钱纸来替代。

如果把一个村民的一生看作是一个从生到死的序列，那么，还有一个很重要的出生仪式未被提及。相较于死亡，出生的仪式在直波村实际上比较简单，远不如上文所述的婚丧需要上升到村落集体的程度。在直波村，婴儿出生之后，大多会请出家人来为婴儿算命、赐名。这套算命的程序对于出家人来说也比较复杂，通常需要耗费半天到一天的时间才能完成；算命的内容甚至囊括了婴儿未来一生的所有关键节点，给婴儿赐名也是基于上述算命的结果而定。但是，是否开展这道程序的决定权实际上仍然掌握在村民们手中。直波村的有些家庭也并不愿意请出家人来替婴儿起名，而希望由父母自己来起。按照直波村传统的做法，曾经还会给婴儿留下一撮头发不做修剪，等到婴儿长大到可以走路之后，再请上两三亲戚见证，再为他剪去头发，以示儿童进入了新的人生阶段。但这种做法同样在今天的直波村已经少见。婴儿出生时，根据父母的意愿，有时也会请客摆酒，但是隆重程度远不如上文已述的婚礼丧礼。此时的酒席可以只请至亲，或者只请村里面其他家的小孩到家里吃饭。有些家中还会在此时向村里周边的乞丐发一小份红包。近年来，马尔康市内开始流传婴儿满月时也要大办酒席，为“满月酒”，但是在直波村内却没有这种做法，村民们会说，这无外乎是“外面的习俗”，从传统来说并没有这样的习惯。

此外，在一个村民的生命周期中，有了生死，自然也还会有日常的病痛。对于今天的直波村民来说，他们已经将有病主要靠医院的理念牢记心中，并在实践上也是如此践行的。这与直波村与马尔康市的距离并不遥远有很大的关系，换言之，村民们想要获得这些现代化的医疗体系仍然是便利的。但另一方面，在孩子或家人生病时，部分直波村民也会请出家人来为其“算命驱邪”，大有为其增加一重保险的含义。当地依然流传着通过念经驱邪来治好疾病的说法，尤其是当患者是由于触犯了神圣之物（例如塔子、玛尼堆等）才招来的疾病之时，村民们则相信更需要使用念经的方式来医治，现代的医学在这个时候是没有用的。这在村民们看来也是一种“报应”。

6.4.2.4 家庭与信仰

最后，我们再把视野回到家庭的身上。在直波村，以家庭作为一个单独的集体，最为明显的展现其与信仰之间的关系的环节便是村内流行的一年一度的家庭念经。

上文我们曾经提及在直波村每一家都会有自己的经堂。这个经堂最为核心的功能便是村民们每一年会挑选一个“好日子”请出家人到家里来念经。由于直波村的出家人数量有限，因此每家每户需要提前半个月左右排队去跟出家人预约，具体排到哪一天，得看出家人们具体哪一天有空。对于一个家庭来说，每一年念经的具体内容通常是一年一度的平安经，但是也有可能会视情况而有所不同。正如上文所提的，村民们对于经书的内容依然大多是并不理解的状态，因此，他们再次将这个决定权交给了出家人，对出家人表达出很高的信任度。念经的时长通常是一整天，具体长短要进一步取决于经的内容；如果经的内容很多，那么可能从凌晨开始就需要念经。念经的法具大多由出家人自己准备，或者由主人家向村集体借出部分法具。主人家为了这一天的念经，除了需要向出家人支付一笔费用之外，还需要承担出家人当天的伙食。在出家人念经时，不需要主人家在经堂全程陪同，但是主人家也不能离开经堂太远，一般都会在自家屋内活动，以便出家人随时把他们召唤回经堂，参与仪式。这些仪式仍然多以赐福、免灾为主。结束的时候，通常有一个总结环节，此时尤其需要主人家到场。念经时，主人家同时会在家中煨桑，以作为仪式的一个部分。

在念经的当天，主人家通常会唤回自己的核心家庭的成员（若是当家人，与父母共同居住，那么也会包括父母），一方面以示隆重，毕竟，这场念经也是家中一年最为重要的活动之一；另一方面既然是要赐福，那么自然要家中至亲在场，以接受福泽。如果家中有重要成员无法到场，其他成员可以准备他的衣物到现场，以示代替。因此，念经当天实际上对于村民们而言也有家庭团圆之意义。念经当天的隆重还体现在伙食之上。从伙食来看，这一天甚至是堪比结婚等家内有喜事的场合。这一来是因为要招待出家人，再者也是为了显示村民们对于念经日子的重视。但是，出家人在这一天实际上也不会与主人家同桌吃饭，他们通常还是会在楼上的经堂用餐，家中成员则是在楼下的饭厅用餐。既然伙食隆重，那么自然也会需要有人到家中帮忙。主人家的表亲、兄弟、侄儿、侄女等亲戚若有时间也会到主人家中帮忙。这些帮忙的亲属不一定属于主人家的固定邀请名单，“帮忙”的含义也大于了“请客”的含义。但是这些亲属既然已经来了，那么在出家人赐福的环节，这些亲属也可以一并参与，吃饭的时候也自然便留在主人家中用餐。

从地点上来看，念经选择在家中经堂进行，这是村内一条已经颇为平常的习惯。如果某家人因为特定的原因，无法在家中经堂念经，也可以由主人家出钱，换到寺院内去念经。这在村民们的形容中相当于是一种“借”的形式。这实际上进一步解释了为何在民居建造的时候经堂显得必不可少，毕竟，念经这一项信仰活动对于一个直波家庭而言是必不可少的。从经堂在民居中的位置来看，其大多位于直波民居的顶楼或偏角，至于具体原因，村民们通常说是承袭了一种标准的藏式传统，谈不上更多的道理。但是如果从功能性的角度来分析，经堂平日里每天早上需要家中有人在此做简单的烧香，并且通常只能一个人去，此外原则上家中人不会在念经当天以外的时间再进入经堂，甚至经堂的清扫工作家中也并不常做，因此，经堂无需与村民的日常活动或其他房间发生功能性的联系，将其偏置一隅也是合理的。同时，这种做法从一个象征性的角度，似乎也与村内其他具备神圣性的“干净的地方”在布局上有着类似的道理，都是在寻找一处不会被日常生活所打扰、但也不至于难以企及的地方。

6.4.3 山神崇拜

在论及直波村的信仰问题时，最后还有一类不可忽略的问题便是村内普遍流行的山神崇拜。这种山神崇拜同样也不是直波村的特例，在整个藏族地区广泛可见。从不同的研究者的讨论中实际上也能够看出，在不同的地区，对于山神的形象、神佛体系、神人关系都有着不同的理解（谢继胜，1988；李晓丽，2012）。当落实到直波村这样一个具体的村落之时，情况自然也有所不同。

6.4.3.1 关于山神的传说、仪式以及神人关系

在直波村民的习惯中，村落周边的大山通常会被冠以特定的名称。这也是藏地其他村落常见的一种现象。在直波村，村民们习惯将最核心的聚居地、莫脚沟以西所依的山称为巴尔德（藏语音为baerdei）；莫脚沟以东、紧邻直波村的山则称为莫尔夏（藏语音为moerxia）、滕戈

（藏语音为tengge）、莫坝（藏语音为moba）。之所以会一山多名，村民们解释，这是因为该山上多处地方曾经有村落聚居，这也反映出当地村民们会以村落名来命名山坡的习惯。至于这类名称是否原本便有含义，村名也不甚了解。在有了这样的山名的基础上，村民也会据此来称呼对应的山神。

根据直波村民的理解，山神居住在大山深处，而通常来说，一座山上只有一名山神。在村民看来，祭拜山神的意义并不主要是对个人而言的，近年来实际上少见村民因为个人的事务而单独去叨扰山神。山神的庇佑主要是针对全村的风调雨顺、农业收成而言的，当然也可因此福泽个人。若是个人有心愿，可在集体祭拜时许愿。在直波一带，山神与村落之间实际上存在着一种对应关系，即特定的山神保护庇佑特定的村落，通常而言便是地理空间上邻近村落的几座大山上的山神对应该村落。因此，直波村的村民们祭拜山神实际上祭拜的也便是直波村附近的、在直波村民眼中是庇佑自己村的山神。

山神彼此之间也有级别划分。若是“大山神”，其庇佑范围自然越广，例如靠近松岗镇一侧的“Gere”山神，便可以享受来自松岗、直波乃至更远的脚木足等地村民的祭拜；但若是“小山神”，那便有可能在直波村民看来是专管特定村落的山神。对于后者，即便地理距离上离自身不远，但是如果不是专门庇佑本村的，直波村民们便也不会去祭拜了。在村民们的表述中，“Gere”山神所在的山峰是直波村附近“最高”“最大”的一座山峰，由此可见，在村民们的心中，神灵的级别高低可以通过具象的山峰形象表现出来。此外，村民们也会提及，判断一座山的神圣程度也可以看其山上的资源盛产程度。因此，在直波村民们的眼中，矿山大多是圣山。

对“Gere”的信奉在直波村民们的记忆中至少可以追溯至土司时代。村民们回忆称，松岗土司也要专程骑马上山，或者百姓用轿抬他上山，去祭拜“Gere”。并且松岗土司还会号召其治下的所有辖区的百姓都来信奉这一位山神，以此作为其统治策略的一部分，而这也使得“Gere”的影响范围在今天也基本得到了延续。

从上文的表述中我们实际上也可以看出，山神和村落存在着对应关系，但是一位山神可以对应多个村落，一个村落也可以对应多个山神。因此在一个村落内部，具体由村内的谁去祭拜哪一座山的山神，又可做更进一步的分工。这种分工大多根据便利程度而言。甚至对于同一家人而言，都可以让步行较为困难的人就在相对邻近、低矮的山头祭拜该山的山神；而年轻人、能走的便可以去最远、最高的山头祭拜。随着交通的便利，村民们也可以开车开到距离祭拜地点最近的地方，然后再下车步行。这种便利性在近年来反而愈发重要了。巴尔德山距离直波村最核心的聚居区最近，因此也自然成了近年来直波村民们最常祭拜的地点。老人们常提，现在的村民们“越来越懒了”，以前常去的祭拜地点也因为路途太不便利而被废弃了。甚至，村民们可以因为自己的便利性需求，而将山神从原本的山顶请到半山腰来。具体做法主要体现为将祭拜山神的“塔子”从山顶移到半山腰。当然，正如前文所述，“塔子”的移动绝非易事，必须得在出家人的念经等一系列仪式的辅助之下才能进行。

虽然上文在强调祭拜山神的时候村民们有诸多便利性考虑，但是，这并不意味着祭山神便是随意的，其仍然是一种村落内颇受村民重视的集体行为，并伴随着相对固定的仪式过程。在直波村，村民们会选择在同一天一起祭拜山神。时间上即每年藏历7月、对于藏族地区而言“日子最好的一天”。只有在祭拜完山神之后，再各村约定自己村内组织看花节的时间。凡是祭拜山神的场所，山上均修有专门的塔子。祭山神之前，村民们通常需要准备好灰面、旗杆、“Longda”、经幡等必备道具，并将这些道具在家里先用烟熏过，代表“干净”了之后才能去。这种清洁的含义延伸开来，也能够解释直波村内流行的另一种说法，即如果家中近日有丧事，那么主人家也不能去祭山神。在上述准备就绪之后，村民们通常会先开始在塔子处一起煨桑，这也有熏经幡的含义。在直波村民看来，虽然如前文所提，煨桑已经是日常可做的一种仪式，但是在这一天，这一个地点所进行的煨桑是最为有效的。因此在很多村民的口中，上山祭山神会被直接表达为上山煨桑。煨桑进行中，村内男性青壮年会同时扛着旗杆，围绕着塔子转三圈。这些旗杆同样是为了此次仪式而去山上新砍的木材。在这个时候，女性不能参与。老人家、女性等不参与这个部分的村民，大多会组团聚在塔子旁边的空地里面聊天、唱歌。转圈仪式完毕之后，把旗杆插到塔子上，然后再挂经幡。村民们认为，每一年都需要为山神挂上新的经幡，这时经幡上所书写的文字跟村民自家所挂的经幡并不相同。并且，这个时候最好由村民亲手来挂，挂上了之后会是一件对自己有益的事。在祭山神时，村民们还可以同时念诵一套说辞，说辞内容大致是要把格萨尔王、黑金刚、“大山神”“小山神”等神佛都喊来，喊完之后再开始与自己的心愿、祝福有关的祈福祈愿的环节。在这整个仪式过程中，出家人会在旁边念经，念诵的内容主要是围绕着山神的祈祷、赞美等。

如此的一个仪式过程对于普通村民而言，从某种程度上也可被理解为是一种集体性的休闲活动。在村民们看来，上山祭拜山神也是大家一起登山、看花、在山顶草原上唱歌休息的过程。这也可以在一定程度上解释看花节为何与山神崇拜的日子要紧密绑定在一起，毕竟，在交通并不发达的年代，村民们难得集体上山一次，这样一来可以顺便一并欢庆节日了。

当然，除了这种集体性的活动之外，村民们在自家的民居修建时，每家每户在房顶上均会插有少量的旗杆、经幡，村民们解释说，这也是带有了一种祭山神的意义。

出家人和一系列藏传佛教法具在上述集体性的山神祭拜活动中频繁出现，也在提醒着我们山神崇拜和藏传佛教之间的关系。在这个问题上，无论是出家人，还是普通村民，都会有意对山神与藏传佛教之间做出区分。直波村里的出家人会说，山神不能等同于严格的佛教意义上的各类神佛。山神实际上与世间人相类似，只不过幻化有了神力，而论其地位，“更像你们汉族人说的妖和鬼”。在当地出家人的说法中，“有些山神实际上比人还要更加可怜”。山神虽然有神通，但有的山神样貌丑陋，并且会一直被山神这个身份捆绑着，一直守护这个山，无法进入轮回。山神们大多其实很希望得到解脱，而它寻求解脱的方式则遵循的是一种等价替换的原则。如果世人曾经对山神许下了承诺，让山神替世人完成某些愿望，那么世人必须要向山神还愿；但如果时间到了，世人忘记了还愿，那么世人便有可能遭到以生命为代价的报应。在这种情况下，世人死去了，便可以代替这个山神，由这个世人来成为新山神。因此，出家人虽然会参加祭山神的仪式，但是他们对山神不皈依、不拜，这仅属于一种世间法（而与之相对的，佛法属于一种出世法），带有一种降伏的含义。

对于普通村民而言，祭山神的仪式类似于向山神寻求帮助的一个过程，这也解释了为何会在仪式中出现一系列吃食、哈达等道具。山神在接受了这样的祭品之后，自然需要尽力帮助村民，但是其所帮的主要是一些世间事，例如村里的风调雨顺或个人运势的增长等内容。村民们也会强调，这与宗教层面的皈依仍然是两回事，所以，面对山神的时候不能磕头，只能是尊敬，同时与山神之间保持一种对等的互惠关系。世人需要告诉山神，山神必须好好保佑世人，只有山神保佑好了世人，世人才能够有钱、有资本来祭拜山神；但是，如果山神保佑得不好，那世人可以骂山神，例如“你不负责任”“你去哪里打瞌睡、喝酒去了”“为什么不管好这件事”。当然，在世人骂完了之后，山神并不会立刻给出回应，因此，为了下一年的顺畅，骂完了之后村民们还是要继续祭拜山神。在向山神祭拜的物品中，在过去甚至还会包括一些刀枪等武器。村民们会将这些武器都埋在塔子内。这在当地人的心中意味着，要让山神武装起来，让他更加能干，才能够替村民们去战胜灾害和其他妖魔。村民们还会提到，骂山神的情况主要是当村内出现了天气失常、破坏收成的时候。进一步追问可知，在村民们的心中，山神的主管范围也正是包括了天气风雨等自然现象。在直波当地，没有河神这一类的说法，河水山林在村民们看来都统归一类，由山神统管。

上述的说法主要来源于村民们的口述、传说。在这些说法中，都更为强调在山神与更正统的藏传佛教之间有一道明确的界限；但是，在另外的一些传说故事中却也不尽然。

在部分直波村老人的口中，会把山神直接称为“土地菩萨”。我们在上文曾经提到村民们乃至出家人在面对神佛体系时候的混乱，“菩萨”这种说法实际上也是村民们对藏传佛教内大多数神佛的一种统称。老人们会提到，山的名字其实就是土地菩萨的名字，土地菩萨对以这片山为核心的土地有着全面的管辖权，也类似于世俗生活中“一个公社的乡长”。

上文我们曾经提到的“Gere”便是直波、松岗当地最主要的一位土地菩萨。既然是一位菩萨，那么自然便有神力相伴。传说曾经有猎户目睹“Gere”山上有大片湖泊清水涌出，这都是

“Gere”菩萨的神力的功劳。据说，这位“Gere”菩萨是个女神仙，身旁常伴一头鹿（也有说法是骑马），常年白衣。曾经有一个村民在山中偶遇过“Gere”，听到她正在唱歌，当时觉得很美丽，但回去之后不久便病故。也有说法称，如果是男性看到了这些女山神，便极容易在山中迷路。这便是女山神看上了你，要把你藏在山里面的意思。这类说法都证明见到山神本尊并不是一定是一件好事，这与上文所述的一种类似于“妖”“鬼”、心有怨念的属性有所呼应。

但与此同时，“Gere”菩萨同时又是莫斯都菩萨座下的一员大将。莫斯都菩萨身上兼备山神崇拜和藏传佛教信仰双重属性的色彩更为浓厚。村民们说，莫斯都菩萨本人居住在小金地区的一座山上，属于当地最大的菩萨，全名是“嘉绒莫斯都”。“嘉绒”代表了这个地区，“莫斯都”是其姓名，因此从这个名字上，便能看出他的统领意味。莫斯都菩萨手下有62名大将，分别管辖嘉绒地区的62座名山，“Gere”便是其中之一。老人们说，这些菩萨都是莲花生大士的徒弟，因此有种使命要求，莲花生大士给每个菩萨分派了任务，每个菩萨必须管领一个地方的平安和福泽；莲花生大士没有生死，在天上保佑大众生灵，但是这些菩萨们是有生死的，有父母生，可以结婚、传位；他们一方面与凡人相比寿命很长，能延续千年，但是另一方面在当地人心中又都仍有一死。实际上，老人们也曾提到，即便是莫斯都菩萨，其以前也曾做过坏事。只是在莲花生大士的教化之下从善，然后发誓，世世代代不能再做坏事，并服务于当地。

综上，如果不再纠结于山神究竟是不是属于藏传佛教正统体系中的一位神佛、二者之间是否有明确的界限等问题，我们将发现，不同的山神传说中还是能够寻找到诸多共性。例如，传说中所述的山神大多与特定的土地建立着明确的管辖关系，都带有服务一方土地、一方百姓的色彩，都曾被驯服、被约束，都与更为明确的神佛保持着某种特征上的差异性。

在有了这样的山神观念之后，村民们还可借此去解释一些日常可见的自然现象。例如，村民们会说，直波村附近还有两座山，名字分别叫“Jiari”和“Tuoruo”。当年这两位菩萨有争吵，“Jiari”踢了“Tuoruo”一脚，“Tuoruo”躲了过去，但是在躲开的时候，抓了一把“Jiari”，所以，有些原本生长在“Jiari”身上的树木、牛、石头就到了“Tuoruo”身上。这解释了为什么在“Tuoruo”山上靠近河边的部分生长柏树，但更高的半山上却生长着“Jiari”山上才有的青杠树的情况。

6.4.3.2　山林的保护与开发

上文的讨论围绕着直波村民们山神崇拜的仪式、传说以及由此所反映出来的一系列关于山神的观念。那么，按照我们常有的一系列经验主义式的猜测，在有了这样的观念之后，是否便能对应看到直波村民们也会有一套爱护山林、与自然共融的行为呢?

我们能够看到，在直波村，这样的爱护与共融的观念和行为确实是存在的；但同时，我们不应忘记上文已经提及过的直波村的种种对山林的砍伐和开采行为，并且是否要将这一系列的爱护与共融都归因于山神崇拜的身上也是应当谨慎的。面对山林，是保护还是开发，这其间的权衡取决于村民们在当时所面临的现实困境，其间也夹杂了但不仅限于山神崇拜在内的种种观念。

村民们常会提及，如果肆意破坏自然山林，极有可能招致“报应”，引发疾病。村民们在这里所谓的“自然山林”在更多的时候是有特指的，主要指向于水的源头或部分更有名气的圣山。这种“报应”是来自山神的一种惩罚，还是来自更系统的佛教理念中的报应论，村民们只是说，“都有”。

同时，当村民们想要开采山林时，与之对应的，也会生成一套更为细致的分类学。这套分类学与山神崇拜便不一定直接相关了。例如，从上文的讨论我们已经可以看出，佛教的生死观对于直波村民的影响是巨大的。在从佛教那里所继承的杀生和业障的理念中，牛、羊等动物和人均是在这套体系中的，而植物却不被包含其中。以虫草为例。虫草的基本生长原理是冬季为虫，夏季为草。因此，从一种现代的生物分类来看，其似乎是一种介于动物和植物二者之间的存在。但当我向村民问及采集虫草是否会视为杀生之时，村民们大多会表示否定，仍然将虫草看作一种植物。

此外，直波村也有村民将松岗土司官寨所在的山比附成一条龙。松岗土司官寨之所以选址建在这座山上，也是因为它是附近的九条沟所共同的一个指向，因此风水最好。既然是一条龙，村民们也将最像龙的牙齿的地方看作是一处“干净的地方”。从现场可见的情况来看，也确是该处挂经幡挂得最为密集。在松岗村的建设过程中，对山林的开发频频可见；但为了修路而破坏了这条龙的走向，对此事当地村民颇有微词。

6.4.4 小结

综上所述，我们完成了对直波村的信仰问题和一个更广阔的生活图景之间关系的简要描述。信仰问题的重要性不仅限于让我们知道我们所面对的对象的一种精神状态而已，并且，它早已构成了这个“社会”中的重要部分，在个体的生命选择和日常行为、集体间的凝聚和身份认同等方面都发挥了重要的功能，借助于这些功能，也借助于社会成员在神圣与世俗之间不曾断裂的纽带，其与整个“社会”之间的联结是不可忽视的。

回到遗产研究的角度来看，上文的论述至少在两个方面可以给予我们重要的提示。

其一，信仰的问题可以在一系列更直接的人、物、地点或实践上集中体现出来，但是也应看到它自身所具备的更为弥散的特点。这种弥散一方面是从特定的人、物、地点或实践向更加广泛的生活图景弥散。通常所谓的“神圣生活”与“世俗生活”之间的界限实际上在很多时候是模糊的，并且常会根据村民们的生活需求而不断发生调适。另一方面，这种弥散也指向于不同的信仰体系之间的混杂和交融。即便是以某一看似更为体系性的流派为核心，但是也总能从中看到不同的思想体系相互交杂的痕迹。这或许也是一大批学者致力于解决“宗教”的问题，却在面对“宗教”的定义之时仍然表现出困难重重的原因之一。弗雷泽（2013）曾经有过一个说法：“世界上大概没有比关于宗教性质这一课题的意见更纷纭的了，要为它拟出一个人人都满意的定义显然是不可能。一个作者能做的仅仅是：首先要讲清楚自己所说的宗教指的是什么，然后在一个作品中前后一致地使用同一含义的词。”这个说法是十分无奈的，但同时也是旗帜鲜明的。当然，不同的学者并没有放弃对宗教界限的划定。仅就人类学界来说，弗雷泽自己选择了“超人”这样一个概念（弗雷泽，2013）。莫斯的工作则在承认巫术与宗教之间的模糊性的基础上将这个问题更加复杂化了，毕竟他的主要研究目的并不是在对这二者做出单一的划分，而是想要通过仪式行动、实施者、表征等一系列“要素”出发打造一个严格的论述边界，从而去看待巫术背后的社会性（马塞尔·莫斯，2007）；杨庆堃在将视角对准中国社会的时候实际上也没有给出一个特别明晰的“宗教”定义，他提及了瓦哈德的结构性视角和田立克的功能性视角，“将宗教定义为信仰系统、仪式活动和组织性关系”，随后在讨论中也将更大的精力放在了如何用这种结构性和功能性去解释中国社会之上（杨庆堃，2016）。综上，这实际上都在提醒我们，当外来的遗产研究或者实践想要介入此类信仰问题之时，仅将目光锁定在更为显性的特定人、物、地点或实践之上，仅从更为系统化的信仰流派出发，是远远不够的。从某种意义上来说，“地方信仰”这样的词汇甚至是更具普适性的，因为，几乎每一类信仰都会带有更浓重的地方色彩，也会弥散到其对应的整个地方。

其二，当我们走进一个社群的精神世界之时，其实也会愈发对我们常见的一些遗产分类体系发出挑战。我们在第一章提及“传统村落”的价值之时，便已经反复提及其在一种整体性理念下对固有的自然与文化、物质与非物质分类体系的弥合。而在论述上述信仰问题之时，我们再次看到，在一个村落社会中，这种弥合不能仅体现为将一系列原本没有纳入分类体系内的要素予以重新纳入而已，它还应当更进一步提示我们，那些原本看来是分立于两端的分类体系在特定的对象身上有可能发生更为密切的交织。例如，我们在上文所提及的一系列以物为基础的信仰行为中，那些建造物与围绕着这些物所生成的非物质的实践是很难被分割而视之的。再者，村民们对大黑金刚石、圣山的理解也远超出了一个自然物的概念，石与山本身都带有了一层神圣化的人格色彩，其意义自然应被放在整个村落的信仰体系这类文化版图下去理解。回到村民本位的角度来说，村民们对于一个具体的人、物、地点或实践应当属于自然或是文化、物质或是非物质的本身并不在意，这样的分类体系对于其生活图景而言并不具备绝对的必要性。在这样的情况下，遗产研究或实践在介入一个村落之时便更应当警惕自身的这套分类体系在完成自我的可操作性的同时，是否会对村落本身的分类习惯造成更为表征或表层化的引导，反而使其与原本的生活图景相脱离了。

第七章
结语

通过上述六章的讨论，至此，我已经完成了本书主要的内容。在有了上述章节更为全面的讨论之后，我们对于直波村这样一处遗产地的遗产价值也能做出相较于第二章的直观观察而言更为深入的结论。

其一，我们不仅可以看到，直波村保留的两座八角碉楼体量宏大、现存状况完好，在整个嘉绒地区均属于少见；同时，罗梧楞寺（旧址）也属于嘉绒地区年代较为久远并且与重大宗教历史人物有关的历史建筑遗存，保留有较为完好的壁画遗迹以及建筑格局。其二，我们还能意识到，如果依据村民们对于直波历史的记忆，其极有可能代表了一种“半城半庙”以及土司差役（即村民们所提的“保安”）所在的军事性城址相复合的形态。再加上其与松岗土司官寨之间清晰的相对距离，这也使得直波村进一步成为土司时代地区治理在物质空间上的物证，这在整个嘉绒地区现存的物质文化遗产中便更显其重要性。其三，从文化景观或者活态遗产的角度，我们不仅可以看到整个村落传承着在嘉绒地区具备代表性的民居建筑传统和整体风貌，而且还能意识到这种传承关系保持着其动态的活力，并且村民与山林、宗教信仰之间的关系也在不断延续渗透，这也展现了传统村落理念中所强调的物与非物、自然与人文相和谐互动的一面。尤为重要的是，这种渗透和活力尚不来源于官方遗产化行动（包括旅游）所带来的一种机械式、干预式的保护，而得益于村落自我的一种生长逻辑，这也代表着其遗产价值更具“真实性”。即便是从较为狭义的非物质文化遗产的角度来说，我们不仅可以看到，村内的锅庄、信仰、建造技艺、部分节庆传统都有较好的保持；而且还能意识到，它们在现代村民中也同样具备较高的认同度，以一种传统与现代相夹杂的姿态嵌入在了村民们的当代整体生活中，不断地被延续的同时，也在不断地被再造。这样的情况在嘉绒地区的其他村落中也有可见，直波村可作为这样独特民族语境下的一个代表。

当然，本书的目的还不仅在于给直波村这样的一个遗产地做出更好的定性。在这里，我想有必要重申一下本书的主要目的。本书的讨论一方面旨在真实地呈现我在直波村调查期间的所见所闻，从基本概况、保护行动、在地社区的记忆、遗产对象与在地社区的关系、再到在地社区更为整体性的生活，借此向读者展现直波村这座传统村落的面貌。另一方面，从理论研究的角度，本书之所以选择这样的写作脉络受到了两方面思想的影响。

其一，是从传统村落保护的角度，在理论和实践界已经积累了长足的关于如何保护的讨论之后，本书想要再次强调一个整体社会的重要性，强调尤其是在一些传统的遗产研究眼光中容易忽略的“非遗产”问题的重要性。既然是整体社会，那么，所谓的“遗产”与“非遗产”（乃至“传统”与“现代”）之间的界限实际上是模糊的；他们都融会交织在一个更为常态化的生活中。本书的调查和写作都试图更大程度地回归到整体社会中去理解村落。其二，本书也受到了批判遗产研究（critical heritage study）的影响。这一流派一直试图解构权威遗产话语，重塑在地社区的价值与权力的正当性。那么，在地社区究竟是如何理解遗产的？他们是如何在一个遗产的语境中开展自己的生活的？这一系列的问题其实有着更为丰富的画面，远非简单的二元对立关系。因此，本书的讨论也是试图展现出这样的丰富性，理解不同的话语体系之间的联系。

基于这两方面的研究目的，也基于本书已有的关于直波村的讨论，我认为，关于传统村落保护，我们至少应对以下问题予以重视：

首先，理解和尊重官方、学术团体以及在地社区关于所谓遗产价值的不同排序，求同存异，寻求更大的可持续发展的空间。现代主流的遗产价值排序大多建立在更为集体主义式、科学主义式的横纵比较逻辑下，去探索何为“最”有价值、“最”值得保护。而对于在地社区来说，以个体生活为中心的价值观和世界观是至关重要的。这二者并不一定矛盾，彼此之间有着可相互契合之处。直波村的情况便充分展现出在地社区是如何在一种更为自发的生活图景中保护遗产，将遗产融入自己的生活，实现了与官方导向之间的“默契”。这也证明了在官方的遗产工作中，予以村落社会一个自主生长的空间是重要的；对这种“默契”的关注也可以成为未来保护工作的重点。

其次，我们对于“传统”与“现代”的观点的看法不必过于二元对立，对“传统”的理解不应陷入符号性、表征化的困境，需要在一个整体社会中理解其相互交织的一面。我们不难发现，直波村的村民们既继承了各类传统，但又并不会恪守于传统，他们自会依据自我的需求去改良或扬弃各类传统。

再次，重视身份认同的问题，这是传统村落语境下在地社区积极参与保护问题的关键。而与此同时，应意识到，在地社区的身份认同情形是复杂的。身份认同与官方的引导密不可分，与个人的成长环境、社会网络也休戚相关；并且，所谓“身份”不是一个封闭的系统，村落远非孤岛，内外之间的交融长期存在着。

参考文献

阿坝州藏族历史文化古籍研究协会. 嘉绒地区历史. 成都：四川民族出版社，2017:25-28;179;181.

白湾・华尔登. 嘉绒藏族历史明镜. 刘建，谢芝，编译. 成都：四川民族出版社，2009.

才让太. 古老的象雄文明. 西藏研究，1985(2):96-104.

才让太. 再探古老的象雄文明. 中国藏学，2005(1):18-32.

曹迎春，张玉坤. “中国传统村落”评选及分布探析. 建筑学报，2013(12):44-49.

陈华文. 文化重启：传统村落保护可持续的灵魂. 广西民族大学学报（哲学社会科学版），2018(5):47-52.

陈永龄. 民族学浅论文集. 北京：中央民族大学出版社，1984.

陈志华. 建筑遗产保护文献与研究. 北京：商务印书馆，2021.

邓可，宋峰.文化景观引发的世界遗产分类问题. 中国园林，2018(5):110-114.

丁雨迪. 民族文物：历史、实践与话语分析. 中央民族大学博士论文，2012.

董艳芳，杜白操，薛玉峰. 我国历史文化名镇（村）评选与保护. 建筑学报，2006(5):12-14.

杜晓帆，侯实，赵晓梅. 贵州乡村遗产的保护与发展——以楼上村为例. 贵州民族大学学报（哲学社会科学版），2018(3):57-72.

多尔吉，阿根，红音. 东方金字塔——高原碉楼. 北京：中国藏学出版社，2011.

冯骥才. 传统村落的困境与出落——兼谈传统村落是另一类文化遗产. 民间文化论坛，2013(1).7 12.

费孝通. 关于我国民族识别的问题. 中国社会科学，1980(1):147-162.

费孝通. 乡土中国. 北京：人民出版社，2008.

国家文物事业管理局. 新中国文物法规选编. 北京：文物出版社，1987: 194;222.

韩锋. 探索前行中的文化景观. 中国园林，2012(5):5–9.

胡燕，陈晟，曹玮，等. 传统村落的概念和文化内涵. 城市发展研究，2014(1):10–13.

黄杰，李晓东，谢霞. 少数民族传统村落活化与旅游开发的互动性研究. 广西民族研究，2018(5):119–128.

黄晓帆. 四川西部碉楼建筑的初步研究. 北京大学硕士学位论文，2008.

黄秀波，孙九霞. 传统村落旅游发展的迷思：主体诉求与空间正义. 旅游论坛，2017(2):18–26.

霍巍. 论古代象雄与象雄文明. 西藏研究，1997(3):44–54.

J.G.弗雷泽. 金枝. 北京：商务印书馆，2013:90.

蒋彬，白珍. 四川藏区城镇化进程初探. 西南民族大学学报（人文社科版），2004:46–50.

郐艳丽. 我国传统村落保护制度的反思与创新. 现代城市研究，2016(1):2–9.

李春霞. 藏族碉楼的“神性”——理性与遗产性. 民族艺术，2018(3):27–34.

李锦. 家屋的意义：嘉绒藏族的房名继承与亲属关系. 西南民族大学学报（人文社科版），2018(9):22–27.

李建华，杨健，李建柱. 西南碉寨的空间立体防御体系及其聚落形态试析. 建筑学报，2011(11):21–24.

李军. 对《保护非物质文化遗产公约》的一个误读. 中国文化遗产，2006(1):8–9.

李先逵. 四川民居. 北京：中国建筑工业出版社，2009.

李晓丽. 浅谈藏族的山神崇拜及其文化内涵. 中央民族大学学报（哲学社会科学版），2012(5):69–72.

林耀华. 中国西南地区的民族识别. 云南社会科学，1984(2):1–5.

林耀华. 民族学研究. 北京：中国社会科学出版社，1985.

刘军民，庄袁俊琦. 传统村落文化脱域与保护传承研究. 城市发展研究，2017(11):6–9.

罗德胤. 中国传统村落谱系建立刍议. 世界建筑，2014(6):104–107;118.

马长寿. 马长寿民族学论集. 北京：人民出版社，2003.

马塞尔·莫斯. 巫术的一般理论：献祭的性质与功能. 杨渝东，梁永佳，赵丙祥，译. 桂林：广西师范大学出版社，2007.

马翀炜，覃丽赢. 回归村落:保护与利用传统村落的出路. 旅游学刊，2017(2):9–11.

闵英，曹维琼. 重构传统村落文化保护与发展的文本意识. 贵州社会科学，2016(11):76–83.

倪威亮，龚乔，雷虹霁. 对利用生态博物馆保护活态遗产这一政策的思考. 国际博物馆（中文版），2014(Z1):112–122.

牛大勇，曹宏，王思渝. 从初创到改革：中国特色社会主义文物事业的探索之路. 河北学刊，2019(1):1–12.

沈茂英. 少数民族地区城镇化问题研究——以四川藏区为例. 西南民族大学学报（人文社科版），2010(10):136–140.

石硕. 关于唐以前西藏文明若干问题的探讨. 西藏艺术研究，1992(4):53–56.

石硕. 隐藏的神性：藏彝走廊中的碉楼——从民族志材料看碉楼起源的原初意义与功能. 民族研究，2008(1):56–65;109.

石硕. 川西北嘉绒藏人与象雄琼氏渊源关系探讨. 民族研究，2017(3):69–80;124–125.

四川省马尔康县地方志编撰委员会. 马尔康县志. 成都：四川人民出版社，1995.

四川省勘察设计协会. 四川民居. 成都：四川人民出版社，1996.

四川省勘察设计协会. 四川民居. 成都：四川人民出版社，2004.

孙华. 传统村落的性质与问题——我国乡村文化景观保护与利用刍议之一. 中国文化遗产，2015(4):50–57.

孙华. 传统村落保护的学科与方法——中国乡村文化景观保护与利用刍议之二. 中国文化遗产，2015(5):62–70.

孙华. 四川藏族村寨调查简报. 成都：巴蜀书社，2018.

索国光. 末代瓦寺土司口述影像史. 阿根，红音，整理. 成都：西南交通大学出版社，2019:5;18–19.

屠李，赵鹏军，张超荣. 试论传统村落保护的理论基础. 城市发展研究，2016(10):118–124.

王路. 村落的未来景象——传统村落的经验与当代聚落规划. 建筑学报，2000(5):16–22.

王宁. 传统村落的地理嵌入性、地理脱嵌性及其社会保护机制. 旅游学刊，2017(2):1–3.

王其钧. 四川民居. 南京：江苏美术出版社，2000.

王小明. 传统村落的价值认定与整体性保护的实践和思考. 西南民族大学学报（人文社会科学版），2013(2):156–160.

王咏，陆林，章德辉，等. 古村落旅游地管理体制研究——以黔县西递、宏村为例. 安徽师范大学学报（自然科学版），2006(3):294–297;306.

吴必虎，徐小波. 传统村落与旅游活化：学理与法理分析. 扬州大学学报（人文社会科学版），2017(1):5–21.

谢继胜. 藏族的山神神话及其特征. 西藏研究，1988(4):83–97.

杨庆堃. 中国社会中的宗教：宗教的现代社会功能与其历史因素之研究. 范丽珠，译. 成都：四川人民出版社，2016.

藏羌碉楼与村寨. 世界遗产，2014(Z1):95–97.

张勃. 传统村落与乡愁的缓释——关于当前保护传统村落正当性和方法的思考. 民间文化论坛，2015(2):15–24.

张洪昌，舒伯阳. 制度嵌入: 民族传统村落旅游发展模式的演进逻辑. 云南民族大学学报（哲学社会科学版），2019(3):88–94.

张剑文. 传统村落保护与旅游开发的PPP模式研究. 小城镇建设，2016(7):48–53.

张松.历史文化名城保护制度建设再议. 城市规划，2011(1):46–53.

张松. 作为人居形式的传统村落及其整体性保护. 城市规划学刊，2017(2):44–49.

张亚辉. 封建、等级与家屋：论林耀华的藏区研究与边政思想. 西北民族研究，2018(2):98–108.

赵晓梅. 活态遗产理论与保护方法评析. 中国文化遗产，2016(3):68–74.

郑国珍. 历史文化名镇名村的保护现状与发展对策——兼谈《中国历史文化名镇名村、传统村落保护和整治导则》的编制. 中国文化遗产，2015(1):18–25.

郑少雄. 康定土司与“藏彝走廊”. 读书，2011(4):73–80.

朱荣张. 马尔康直波藏寨民居建筑研究. 西安建筑科技大学硕士学位论文，2012.

左靖. 碧山、茅贡及景迈山——三种文艺乡建模式的探索. 美术观察，2019(1):12–14.

Wijesuriya G., Lee S. Asian Buddhist Heritage: Conserving the Sacred. ICCROM, 2017.

后 记

本书为2019年、2020年我在直波村调查期间的所见所闻。我的调查时间有限，学术能力也有不足，我的见闻当然不能代表这个村落的全部。但是我认为将我的这些见闻以公开出版物的方式呈现出来应该还是有些许意义的。从材料的角度出发，即便我的见闻不代表全部，但也是村内一些真实且鲜活的侧面，我希望这些侧面能为有着更宏大研究志向的学者提供有益的启发；从研究问题的角度出发，在直波村的见闻不一定能“解决”甚至不一定能充分反映遗产研究中所涉及的所有问题，但是，它足以把不少问题都牵连出来，提醒遗产研究者未来是否有可能以一种更具整体性的眼光来看待这些问题，我希望这些见闻能够扮演好这样的“提醒者”的角色。

于我个人而言，本书之前的一个研究是在批判遗产研究思想的启发下，对中国考古遗址的保护和展示历程进行了观察与反思。研究完成后，我也开始自我反思，例如，是否一定要将不同主体在遗产话语中的关系理解得如此非此即彼，所谓的“关系”究竟是怎样的“关系”，在地社区所处的位置究竟是怎样的；“遗产”的问题是否仅与“遗产”有关，如果我们愿意以遗产的价值和保护问题为核心、同时又超越狭义上的遗产话语去看待一个整体性的社会，那会看到一个怎样有所不同的遗产研究。当时的我认为，这一系列的问题都需要更详细的个案来加以探索。当我正在这样自我反思的时候，我也迎来了从博士到博士后的身份变动。这种身份变动给了我一个进村的机会，我便抓住了这个机会。本书的内容便主要是我博士后期间主要的工作内容。以村落为对象来“践行”我的反思有一个好处，村落的边界相对较“小”，能够将不同主体的问题、“关系”的问题、在地社区的问题、整体社会的问题等更为方便地展现出来。但是，这个机会对于我来说，也是一种挑战。从考古遗址跨越到村落遗产，这种遗产类型上的转换最开始给了我诸多的不适应。它背后涉及的建筑学、民族学乃至人类学的内容对于我来说都是陌生的。作为一名遗产研究者，我试图以遗产研究中的价值问题、保护问题来串联起我的注意力。我不确定在这方面能否完成得足够到位；但是，回到这个调查本身来说，如果它能让普通读者、相关研究者看到、听到一些过去所不曾注意到的故事，这些故事对于实际的村落遗产保护工作以及批判遗产研究理论有所启发，那这个调查也不算白费。

本书的写作得到了诸多师长、同仁的帮助。首先需要感谢北京大学考古文博学院的孙华老师，是他给予了我开展本调查的机会。以价值、保护的视角来串联起遗产这个话题所涉及的方方面面，远非我个人在某一刻的顿悟，正是在向孙老师不断学习、交流的过程中所形成的体会。再者，北京大学社会学系的王铭铭老师从田野的选择、学术问题的解答及日常生活等给予了我极大的帮助。我并非一名人类学者，对人类学的了解也只有皮毛，本书的写作受到了不少人类学研究方法的启发，但可惜受限于我的学力，我恐怕未能真正的建立起人类学与遗产研究之间的桥梁。但是，我还是希望本书所做的工作会朝着这个方向迈进。毕竟，在我看来，人类学和遗产研究虽然在最终的学科目标上并不相同，但是，研究对象层面的契合还是可以让这两个学科从方法论到研究视角都有着更大交融的可能性。此外，中国社会科学院民族学与人类学研究所翟淑平助理研究员，四川省文物考古研究院、阿坝藏族羌族自治州藏文编译局的诸多师长，为本研究提供了直接的帮助，在此致以最诚挚的谢意。本书图版中的大量图片也是由翟淑平助理研究员无偿提供的。当然，最要感谢的还是在开展此研究过程中所遇到的每一个向我无偿提供研究材料、自由展露自己的生活的直波人。人与人之间每一次无所顾忌的交流都是值得被铭记的。

有一次傍晚，我在直波村的草原上，跟村里的一位出家人席地而坐聊天。我俩年龄相仿，性格相投，喜欢凑一块说说“外面”和“村里”的事。那次他问我，你到这儿来做这些事，到底有什么意义？我笑了，没有回答他。我至今还觉得，这始终是一个值得留待明天来回答的问题。

王思渝